LOCUS

LOCUS

LOCUS

LOCUS

在時間裡，散步

walk

**Walk 19**

**真實世界的倫理課：**
**82個影響你一生的思考練習**

作者：彼得・辛格（Peter Singer）
譯者：李建興
責任編輯：潘乃慧
封面設計：朱疋
校對：呂佳真
出版者：大塊文化出版股份有限公司
www.locuspublishing.com
台北市10550南京東路四段25號11樓
讀者服務專線：0800-006689
TEL：(02) 87123898　FAX：(02)87123897
郵撥帳號：18955675
戶名：大塊文化出版股份有限公司
法律顧問：董安丹律師、顧慕堯律師


總經銷：大和書報圖書股份有限公司
地址：新北市新莊區五工五路2號
TEL：(02) 89902588　FAX：(02) 22901658

初版一刷：2019年4月
定價：新台幣400元
Printed in Taiwan

# Ethics

## in the Real World

82 Brief Essays
on Things That Matter

# 真實世界的倫理課

Peter Singer

82個
影響你一生的思考練習

彼得・辛格——著
李建興——譯

# 目錄

**引言** 009
**致謝** 015

**大哉問**
淡藍小點的價值 019／有什麼事是重要的？ 022／有道德進步這回事嗎？ 025／再談上帝與苦難 028／無神論的道德（共同作者／馬克．豪瑟） 032／我們準備好接受「道德藥丸」了嗎？（共同作者／艾嘉塔．薩岡） 036／慈悲的特質 040／懷念逝者 044／這應該是最後一代嗎？ 048／哲學居冠 052

**關於動物**
歐洲的道德雞蛋 059／如果魚會慘叫 062／反捕鯨是文化偏見嗎？ 065／吃純素食的理由 068／想想火雞：感恩節雜感 073／關於人造肉 077／黑猩猩也是人 080／擬人化的母牛 083

## 生命神聖的倫理之外


真正的墮胎悲劇　089／治療（或不治療）極小的嬰兒　092／揭開新生兒安樂死的簾幕　096／不是老人病　100／當醫師殺人　104／選擇死法　108／死在法庭上　112


## 生物倫理與公共衛生


人類基因組與基因超市　119／複製人之年？　122／腎臟可以買賣？　126／醫療的諸多危機　130／公共衛生對抗個人自由？　134／體重高，多付錢　138／我們該活到一千歲嗎？　141／人口與教宗　145


## 性愛與性別


成年手足亂倫應該算犯罪嗎？　151／同性戀並非不道德　155／虛擬罪惡　159／公眾人物的私事？　163／性別應該多重要？（共同作者／艾嘉塔・薩岡）　167／伊朗的神與女人　170

## 關於行善

捐出百分之一收入的方案　175／要求慈善機構負責任　179／炫耀的慈善　183／好慈善，壞慈善　187／鼓舞人心的理想很好，但是做慈善要用頭腦　191／高價藝術品的倫理代價　195／防止人類滅絕（共同作者／尼克・貝克史德、麥特・威吉）　199

## 關於幸福

幸福、金錢與捐獻　207／我們可以提升國民幸福毛額嗎？　211／心情低落的高代價　215／沒有微笑限制　219／無論如何都幸福　222

## 關於政治

邊沁的謬誤，過去與現代　227／開國元勳的財政危機　231／為什麼要投票？　234／言論自由、穆罕默德與猶太大屠殺　237／宗教自由的善用與濫用　240／誠實的人？　244／公民權是權利嗎？　248／間諜遊戲　252／史達林的銅像？　256／我們該讚揚種族歧視者嗎？　260

## 全球治理

逃離難民危機 267／公開外交有可能嗎？ 271／食品大廠的倫理學 275／公平與氣候變遷（共同作者／滕菲） 278／污染者會為氣候變遷買單嗎？ 281／氣候變遷會議中為何還吃肉？（共同作者／法蘭西斯・基斯林） 284／推翻煤炭王 288／巴黎與地球的命運 292

## 科學與科技

黃金米的明顯潛力 299／量身訂做的生命 303／機器人的權利？（共同作者／艾嘉塔・薩岡） 307／數位時代之夢 311／全球圖書館 314／不科學的悲慘代價 317

## 生活，玩樂，工作

如何實踐新年志願 323／為何要花更多錢？ 327／虎媽還是象媽？ 331／福斯汽車與誠實的未來 335／禁藥是錯的嗎？ 338／足球賽作弊可以嗎？ 341／衝浪的反省 345

**補記：不，別移民加拿大或澳洲** 349

# 引言

我們都會做道德上的選擇，而且經常渾然不覺。我們總是假設倫理學就是遵守以「你不可以……」為開頭的規則。如果過道德的生活僅是如此，那麼只要我們不違反那些規則，無論做什麼都是道德的。但是，這個道德觀並不完整。它沒有考慮到我們能對其他較不幸者所做的善行——不只在自家社區，也在力所能及的任何地方。我們也應該將我們的關懷拓展到未來世代，超越自己的物種到非人類的動物界。

另一個重要的倫理責任適用於民主社會的公民：當個受過教育的公民並參與我們社會的決策。許多決策涉及倫理的選擇。在這些倫理議題的公開討論中，受過倫理學或道德哲學訓練的民眾可以扮演一個珍貴的角色。現在，這並不是別具爭議的說法，但是在我的學生時代，哲學家們主張，認為「自己具備某項特殊專長，而有資格處理實質的倫理議題」的想法是錯的。至少在英語文化圈裡，大家對這個學科的普遍理解是，哲學注重文字與概念的分析，所以對具體倫理問題採取中立的態度。

我很幸運，如果那個看法盛行，我懷疑我會繼續留在哲學界。來自一九六〇年代末到七〇年代初學生運動的壓力，改變了道德哲學運用與教導的方式。在越戰與反抗種族歧視、性別歧視和環境惡化的年代，學生要求大學課程應該跟當前的重要議題相關。哲學家對此要求的回應是回歸這個學科的起源。他們回顧蘇格拉底質問雅典同胞何謂正義本質、怎樣才算活得公正的例子，鼓起勇氣問他們的學生、同僚哲學家與廣泛大眾類似的問題。

我的第一本書在持續反抗種族歧視、性別歧視與越戰的時代背景下寫成，探討民主制度下的公民不服從何時算是正當。[1]從那時起，我很廣泛地尋求處理哲學系之外對民眾重要的議題。某些哲學圈子抱持一種觀點：沒讀過哲學的人能夠理解的事情，就不夠深奧而不值得談。相反地，我懷疑無法說清楚的事情或許是因為沒想清楚。

如果許多學者覺得不屑為一般民眾寫書，那麼幫報紙寫意見文章就更等而下之了。在本書中，你會看到我的短文選輯。報紙專欄通常很短命，但我選入的篇章討論的都是恆久的議題，或是處理一些很遺憾仍困擾我們的問題。不能超過一千字的壓力，會逼著你用清晰簡要的方式寫作。當然，這種短文不可能呈現可被其他學者評估的個人研究；在長文中可以探索的細微處及要件，無可避免必須省略。我的哲學系同僚若是欣賞我的研究成果，這種感覺當然不賴，但我的書籍、文章和演講對有興趣思考如何活得道德的廣大讀者的影響，也是我評判自己作品成敗的標準。根據一項研究，有同儕審查的期刊文章平均只有十個人會細讀。[2]幫大報或通稿專欄寫意見文章，則可能有幾萬、甚至幾百萬人閱讀；於是某些文章可能改變他們對重要議題的想法，甚至改變生活方式。我知道確有其事，因為曾經有讀者告訴我，我的文章改變了他們慈善捐贈的方式，或是讓他們不再吃動物製品，另外至少有一個人因此決定捐腎給陌生人。

閱讀開頭幾篇文章，多少能揭露我研究倫理學的方法，但在這裡多說一點或許有所幫助。道德判斷不純然是主觀的，因此跟品味的判斷不同。如果純然主觀，我們不會認為道德議題值得爭辯，就像我們不會認為選擇哪種冰淇淋口味值得爭吵。我們承認品味因人而異，就如同沙拉醬該放多少大蒜，並沒有所謂的「正確」數量；但我們認為安樂死合法化或吃肉是對還是錯，是值得討論的議題。

倫理學也不只是表達我們厭惡或認同的直覺反應，即使這些本能是大多數人所共有的。在我們的祖先仍是社會化哺乳類，但還不算人類、沒有能力抽象推理的時代，我們天生的「噁心」反應可以幫助他們生存下來。我們現今居住的全球社會更龐大、更複雜，那

1 *Democracy and Disobedience*（Oxford: Clarendon Press, 1973）.

2 Asit Biswas and Julian Kirchherr, "Prof, No One Is Reading You," *Straits Times*, April 11, 2015, http://www.straitstimes.com/opinion/prof-no-one-is-reading-you.

些反應未必永遠是可靠的指引。因此，我們必須運用推理能力。

我曾經認為這種推理只會揭開終究很主觀的基本道德立場的影響。而今我不再這麼想了。確實，如同德瑞克．帕菲特（Derek Parfit，英國哲學家）在他的大作《論重要之事》（*On What Matters*，我會在本書〈有什麼事是重要的？〉一文介紹）所主張的，我們可以透過謹慎推理和反省找出客觀的道德真理。(3)許多哲學家以不同的說法擁護道德承諾，對那些否認有客觀的道德真理的人，以下這些文章可視為嘗試解決接受這些承諾所帶來的影響。然而，或許十九世紀偉大效益主義哲學家亨利．西季威克（Henry Sidgwick）說得最好：

> ……從宇宙的觀點（恕我這麼說），任何個人的福祉已不再比其他人的福祉重要；意思是，除非有特殊的根據去相信一個案例可能比另一個案例實現更大的福祉。(4)

西季威克是效益主義者，我也是。我們對道德議題的直覺反應是靠演化與文化傳遞，我們一旦開始質疑這些反應，我相信效益主義是最可靠的道德觀點，這在我與卡塔吉娜．德拉薩里－拉戴克（Katarzyna de Lazari-Radek）合寫的《宇宙的觀點》有較詳細的申論。(5)然而在以下文章裡，我並不以效益主義為前提。因為在我討論的許多議題上，我的結論除了效益主義，也來自許多非效益主義的立場。這些議題具有實務的重要性，身為稱職的效益主義者，我應該為最廣大的潛在讀者寫作，而不只是一小群堅持效益主義的人士。

以下有些文章探討令我成名的主題，像是人與動物的關係、生死問題、富足者對赤貧者的義務等倫理。也有一些主題，我可能鮮少發表看法，如賣腎、栽培基改作物的道德、有意識機器人的道德地位、成年手足之間的亂倫是否錯誤等。幸福與如何促進幸福，在我的道德觀點中扮演著關鍵角色，所以又是另一批文章的主題。另外，書末也收錄較私人的一些文章，探討讓我自己增添幸福感的衝浪活動。

熟悉我某些主題的作品的讀者，可能會對我在其他主題的觀點感到驚訝。我盡量保持開放心態，回應證據，而不只是遵照某個可預測的政治傾向。如果您還不怎相信哲學家對廣泛的公益議題可以有所貢獻，希望這本書能夠說服你。

3 Derek Parfit, *On What Matters*, 2 vols.（Oxford: Oxford University Press, 2013）. 我自己對此議題的延伸觀點，可參閱 *The Expanding Circle*（Princeton, NJ: Princeton University Press, 2011）與 Katarzyna de Lazari-Radek and Peter Singer, *The Point of View of the Universe*（Oxford: Oxford University Press, 2014）。

4 Henry Sidgwick, *The Methods of Ethics*, 7th edition (London: Macmillan, 1907), p. 382.

5 見註 3。

# 致謝

雖然並非全部，本書中許多篇是為了「評論彙編」（Project Syndicate）寫的；這個非營利新聞組織，提供一百五十三國、四百五十多家媒體廣泛的議題評論。在安德烈．拉帕辛斯基（Andrzej Rapaczynski）的鼓勵下，我從二〇〇五年起一直為「評論彙編」撰寫每月專欄，所以我最感謝他將我納入專欄作家的團隊。這麼多年來，艾嘉塔．薩岡（Agata Sagan）提示我各種可以發展成專欄的題目，搜尋我引用的材料，針對草稿提供有用的意見。「評論彙編」的編輯肯．墨菲（Ken Murphy）與強納生．史坦（Jonathan Stein）向我證明，即使寫作時已力求明瞭，還是有改進的空間。感謝「評論彙編」允許我將專欄文章集結出書。其他文章則來自《紐約時報》、《華盛頓郵報》、《紐約每日新聞報》與《自由探索》（*Free Inquiry*）期刊。有幾篇是我與人合寫，感謝共同作者們在我的思考與寫作上給予大量協助，他們包括尼克．貝克史德（Nick Beckstead）、滕菲（Teng Fei）、馬克．豪瑟（Marc Hauser）、法蘭西斯．基斯林（Frances Kissling）、艾嘉塔．薩岡與麥特．威吉（Matt Wage）。某些文章，我在必要之處做了一些更新，但大多數基本上維持初次發表的原貌。

出版此書的點子來自普林斯頓大學出版社的勞勃・坦皮歐（Rob Tempio），所以我要大力感謝你，勞勃，構思出書計畫並參與到成書。艾嘉塔・薩岡讀過我的許多短文並提議可選入的篇章。我接受了大多數提議，謝謝她在這本書成形時扮演的重要角色。我也感謝兩位普林斯頓大學出版社的匿名審稿者，他們給予許多有建設性的意見。製作編輯艾倫・福斯（Ellen Foos）有效率地管理製作流程，而文案編輯茱蒂・畢德（Jodi Beder）少許的修改建議，卻提升最終定稿的清晰度與易讀性。

彼得・辛格

普林斯頓大學人類價值觀研究中心

墨爾本大學歷史與哲學研究學院

# ···大哉問···

# 淡藍小點的價值

十八世紀德國哲學家康德（Immanuel Kant）曾經寫道：「我們愈經常、愈固定深思兩件事，心中就愈會充滿全新與增強的畏懼與尊敬：天上的星空與內心的道德法則。」

今年是伽利略初次使用望遠鏡的四百週年，公告為國際天文年，這似乎是推敲康德最初「畏懼與尊敬」來源的好時機。其實，幫助全世界公民「重新發現他們在宇宙中的地位」的紀念目標，現在創造了讓我們從切身的難題如豬流感與全球金融危機轉移注意力的附帶利益。

關於「天上的星空」，天文學能教我們什麼？

說起來，科學拓展我們對宇宙浩瀚的掌握，至少增加了我們仰望星空時感到的畏懼與尊敬（意思是，假設我們離空氣污染與過度光害夠遠，能看得清楚星星）。但同時，擁有更廣大的知識肯定迫使我們認知，我們在宇宙中的地位不是特別重要。

在〈夢想與事實〉（Dreams and Facts）一文中，哲學家羅素（Bertrand Russell）提到，我們整個銀河系只是宇宙的一小部分。在這個小碎片裡，我們的太陽系是「無限小的微粒」，而在這個微粒中，「我們的行星只是極細微的一點。」

今天，我們的星球放在整個銀河系中顯得微不足道，這自不待言。天文學家薩岡（Carl Sagan）提議，讓航海家太空探測器在抵達我們太陽系外圍時，拍一張地球的照片。它在一九九〇年做到了，地球看起來只是粗糙影像中一個淡藍小點。如果你上 YouTube 網站搜尋「Carl Sagan—Pale Blue Dot」就能看見，並且聽到薩岡本人告訴我們必須珍惜我們的世界，因為人類至此重視的一切都只存在於這個淡藍小點上。

那是個感人的體驗，但我們可以從中學到什麼？

在羅素筆下，我們只是浩瀚宇宙中的微粒這件事，讓我們顯得好像沒那麼重要：「在這個小點上，有些不純粹的小塊碳水混合物，構造複雜，有點特殊的物理與化學特性，到處爬行幾年，直到再度融入構成他們的自然環境中。」

但是關於我們存在的虛無觀點，並非源自我們行星家園的大小，羅素自己也不是虛無主義者。他認為重要的是面對我們在宇宙中地位微不足道的事實，因為他不希望我們活在舒適的幻覺中，認為不知怎地這個世界是為我們創造的，而我們受到某個全能造物者的關愛照顧。〈夢想與事實〉用這段激勵人心的話總結：「不敢看清自己在世界上地位的人，無法從恐懼中解放；除非他允許自己看見自身的渺小，沒有人能達成潛力所及的偉大之事。」

二次大戰後，世界被分割為相互毀滅、互相威脅的核武陣營，想想宇宙的廣大，羅素並不認為我們的無關緊要意味著地球上的生命結束不重要。相反地，他餘生的政治活動主要焦點正是廢除核武。

薩岡也有類似的觀點。他說，看見整體的地球，會削弱國界這類將我們分隔的東西的重要性，也能「凸顯我們更加善待彼此，保護並珍惜這個淡藍小點的責任，這是我們所知的唯一家園」。高爾（Al Gore）在他的影片《不願面對的真相》（*An Inconvenient Truth*）結尾使用了「淡藍小點」的影像，暗示如果我們毀了這個星球，就沒別的地方可去。

即使現在科學家發現了太陽系外的其他行星，這都有可能成真。或許有朝一日，我們會發現我們不是宇宙中唯一的智慧生物；或許，我們也能夠跟那些生物一起討論跨物種倫理的議題。

這就讓我們回到康德畏懼與尊敬的另一個對象——內心的道德法則。與我們有完全不同進化起源、甚至不是碳基生命形式的生物，會如何看待我們的道德法則？

摘自「評論彙編」，二〇〇九年五月十四日

# 有什麼事是重要的？

道德判斷有對錯嗎？或者倫理學說到底是純粹主觀的事務、隨人選擇，或者可能跟人們生活的社會文化有關？我們可能才剛找到了答案。

在哲學家之中，道德判斷呈現客觀真理的觀點從一九三〇年代就褪流行了，當時邏輯實證論者主張，因為道德判斷的真理似乎沒辦法驗證，那不過是我們感情或態度的表達罷了。例如，當我們說「你不該打那個小孩」，其實我們只是表達我們不認同你打小孩，或鼓勵你別打小孩。至於你打小孩是對是錯，並沒有真理可言。

雖然這種道德觀經常被質疑，許多反論來自訴求神的誡命的宗教思想家。這類論點在大致世俗化的西方哲學界吸引力有限。也有其他客觀道德真理的辯護不訴求宗教，但是對抗主流的哲學氣氛也沒什麼進展。

不過，上個月有一起重大的哲學事件：德瑞克．帕菲特萬眾期待的書《論重要之事》出版了。迄今，作為牛津大學萬靈學院榮譽院士的帕菲特只寫過一本書，一九八四年出版的《理性與人》（*Reasons and Persons*），備受好評。帕菲特的完全世俗化論點與他駁斥其他立場的全面方式，數十年來第一次把拒斥客觀道德論的人逼到守勢。

《論重要之事》的篇幅長到嚇人：兩大冊總計一千四百多頁，充滿密集的論點。但是論點的核心集中在前四百頁，對有知識好奇心的人並非無法克服的挑戰，況且帕菲特依照英語哲學的優良傳統，總是力求清晰，若有簡單的字彙絕不用含糊的字眼。每句話都平鋪直述，論點清晰，帕菲特也常用清楚的事例說明論點。所以，該書不僅對於想要瞭解「什麼事重要」的人來說是十足的知識饗宴，其實更以客觀的方式探討任何事是否真的重要。

許多人以為理性向來是工具：理性只能告訴我們如何達到我們的目標，但我們的基本需求與欲望超出了理性的範圍。帕菲特主張並非如此。就像我們能理解1＋1＝2的真理，我們懂得有理由避免在未來的某個時間點遭受痛苦，無論我現在是否在乎，或者想不想要，到時會不會真的遭受痛苦。我們也可以有理由（雖然未必總是確定的理由）防止別人遭受痛苦。這種不證自明的標準真理，提供了帕菲特為道德客觀性辯護的基礎。

有個反對客觀道德論的主要論點是，人們對於是非有很深的歧異，這種歧異也延伸到無法被指控為無知或困惑的哲學家。如果像康德與邊沁（Jeremy Bentham）這種偉大思想家對我們該怎麼做都有歧異，那個問題真的能夠有客觀、正確的答案嗎？

帕菲特對這個論點的反應是做出或許比他為客觀道德辯護更大膽的宣示。關於我們該怎麼做，他考量三大主流理論：一個源自康德，一個源自霍布斯（Thomas Hobbes）、洛克（John Locke）、盧梭（J.-J. Rousseau）的社會契約論傳統與當代哲學家約翰．羅爾斯（John Rawls）與史坎倫（T. M. Scanlon），第三個源自邊沁的效益主義。他主張康德與社會契約的理論必須修改，才站得住腳。

然後，他主張這些修改的理論與結果論的特定形式若合符節，同屬效益主義的同一個廣義家族。如果帕菲特說得對，那麼明顯衝突的道德理論之間的歧異就比我們以為的更少。帕菲特明確地寫道，每一種理論的辯護者「爬的是同一座山的不同側」。

想在《論重要之事》裡尋求書名提出的問題解答的讀者可能會失望。帕菲特真正的興趣是對抗主觀主義和虛無主義。他認為，除非他能證明客觀論是對的，否則什麼都不重要。

帕菲特確實談到了「什麼事重要」這個問題，他的答案或許顯得意外地淺顯。例如，他告訴我們現在最重要的是「我們富人放棄一部分奢侈品，停止讓地球大氣層暖化，用別的方式照顧這個星球，讓它繼續支撐智慧生命」。

我們許多人早已做出那個結論了。我們從帕菲特書中學到的是，捍衛這些與其他道德訴求作為客觀真理的可能性。

摘自「評論彙編」，二〇一一年六月十三日

# 有道德進步這回事嗎？

在目睹兩次世界大戰、納粹大屠殺、史達林的勞改營、高棉的殺戮戰場、盧安達與達佛（Darfur）暴行的世紀之後，相信我們的道德持續進步的論點愈來愈難辯護了。但是這個問題除了道德崩潰的極端案例之外，還有更多可討論的。

今年是聯合國大會發表《世界人權宣言》的六十週年。為了回應二次大戰中的罪行，該宣言希望建立人人享有同樣基本權利的原則，不分種族、膚色、性別、語言、宗教或其他地位。所以，我們或許可以自問我們在反抗種族和性別歧視上做了多少，來判斷道德進步的程度。

評估種族與性別歧視真正減少的程度是一項嚇人的大工程。然而，最近 WorldPublicOpinion.org 所做的民調可以間接說明。

這份民調收到將近一萬五千份回覆，在十六個國家進行，占全世界人口的五八％，包括亞塞拜然、中國、埃及、法國、英國、印度、印尼、伊朗、墨西哥、奈及利亞、巴勒斯坦自治區、俄羅斯、南韓、土耳其、烏克蘭與美國。在其中十一個國家，大多數人認為在他們有生之年，不同種族的人已逐漸獲得較平等的待遇。

平均起來，五九％如此表示，只有一九％認為人們的待遇更不平等，二〇％說沒有改變。在美國、印尼、中國、伊朗和英國的人，特別容易感受到較多的平等。巴勒斯坦人是唯一大多數人認為種族更加不平等的族群；在奈及利亞、烏克蘭、亞塞拜然和俄羅斯的意見則是接近五五波。

整體上，為數更多的七一％認為，女性平權已經有所進步，不過照例，巴勒斯坦人例外，這次還包括了奈及利亞、俄羅斯、烏克蘭，而亞塞拜然又有明顯少數認為現在女性的待遇更不平等了。在印度，雖然僅有五三％說女性贏得更多平等，卻另有一四％說現在女性的權利比男性更多！（他們想到的應該是那些沒被墮胎掉的女性，因為產前檢測可以顯示她們不是男性。）

整體上，這些意見似乎反映出真實的改變，所以是道德進步的跡象，代表人們邁向一個不因種族、國籍或性別而被剝奪權利的世界。民調最驚人的結果也支持這項觀點：極其普遍地抗拒因種族、國籍或性別引發的不平等。受訪者平均有九〇％表示，平等對待不同種族與出身的人很重要，任一國家認為平等待遇不重要的受訪者都不超過一三％。

被問到女性平權時，支持度幾乎同樣強烈，平均有八六％認為這很重要。值得注意的是，在穆斯林國家這也是主流觀點。例如在埃及，九七％的人認為種族與族群平等很重要，九〇%認為平等對女性很重要。在伊朗，兩者的數字分別是八二%和七八%。和《世界人權宣言》發表的十年前相較，這代表了世人觀點的重大改變。當年女性的平等權（不只參政權，還有離家工作或獨居權）在許多國家仍屬激進的概念。在德國與美國南方，種族歧視觀念仍盛行，世界人口中有許多活在歐洲強權統治的殖民地。如今，雖有盧安達和前南斯拉夫的慘劇，加上最近肯亞的選舉紛爭後幾乎瀕臨發生，沒有國家公然接受種族歧視的教條了。

很不幸，女性的平等權就不是這麼一回事了。在沙烏地阿拉伯，婦女甚至不准開車，更別說投票了。在其他許多國家也是，兩性平等無論人們怎麼說，現實是女性離享有平權還非常遙遠。

這可能表示我引用的民調顯示的並非廣泛的平等，而是廣泛的偽善。然而，偽善是罪惡對美德的致敬，種族與性別歧視必須讓步這一點，就是道德進步的指標。

言語確實有其後果，一代人說了並不真心相信的話，下一代可能會相信，甚至據以行動。公開接受某些觀念本身就是一種進步，但真正重要的是提供可創造更多具體進步的工具。因此，我們應該正面看待這項民調結果，並決心彌補修辭與現實之間仍存在的落差。

摘自「評論彙編」，二〇〇八年四月十四日

# 再談上帝與苦難

保守派名嘴迪內什・杜索達（Dinesh D'Souza）很有使命感地和無神論者辯論上帝是否存在的議題。他挑戰了所有找得到的要角，跟丹尼爾・丹奈特（Daniel Dennett，美國哲學家）、克里斯多夫・希鈞斯（Christopher Hitchens，美國知名無神論者）與麥可・薛莫（Michael Schermer，知名懷疑論者）辯論過。我接受他的邀請，在拜歐拉大學舉行辯論。「拜歐拉」（Biola）這個名字出自「洛杉磯聖經研究所」（Bible Institute of Los Angeles）原名的第一個字母，這樣各位就知道聽眾的主流宗教傾向是什麼了。

因為辯論對手經驗老到又顯然很聰明，我希望站穩我的立場。所以我主張雖然我無法反證每種神祇的存在，我們可以確定我們並非活在一個由全能、全知又全善的神所創造的世界裡。當然，基督徒都認為我們活在這樣的世界。但是我們每天都會面對懷疑此事的強大理由：世界上有大量的痛苦與苦難。如果上帝無所不知，祂應該知道有多少苦難。如果祂無所不能，祂可以創造一個沒有這麼多苦難的世界。如果祂至善，祂一定會創造出沒這麼多苦難的世界。

基督徒通常會回答，上帝已經賜給了我們自由意志，所以不必對我們做的壞事負責。這種回應無法解釋那些被洪水淹死、在閃電引發的森林大火中燒死，或因旱災飢渴而死的人所受的苦難。

有時候，基督徒嘗試解釋苦難時會說所有人都是罪人，所以各有命運，有的難免很坎坷。但嬰兒幼童跟成人同樣可能遭遇天災而死，而他們似乎不可能生來就活該受苦。不過，根據傳統的基督教義，因為他們是夏娃的後代，繼承了違逆神意偷吃知識之樹禁果的祖先原罪。這是個討厭的三重觀念，因為這暗示了，首先，知識是壞東西，其次，違逆神意是最大的罪過，第三，小孩要繼承祖先的罪過，可以正當地代替祖先受懲罰。

然而，即使接受了這一切說法，問題仍未解決。因為不只人類會遭遇洪水、火災和乾旱。動物也會被這些事件影響，牠們並非亞當夏娃的後代，不可能繼承原罪。

在早先的時代，原罪比現代被更加嚴肅看待，動物的苦難等於是向有思考能力的基督徒提出了一個大難題。十七世紀的法國哲學家笛卡兒（René Descartes）用激烈的權宜手段來解決——否認動物感受得到苦難。他主張，動物只是很精巧的機器，我們不該把牠們的哭喊掙扎當作受苦的跡象，就像我們不把鬧鐘鈴聲當作有意識的跡象。這種說法不太可能說服任何有養貓狗的人。

意外的是，以杜索達跟無神論者辯論的豐富經驗，他在這個問題上，難以找到有說服力的答案。他先是說，因為人類在天堂可以永生，如果我們在這世界上的生活是唯一的一次，塵世的苦難就沒那麼重要了。這還是無法解釋全能至善的上帝為何允許苦難。說來或許比較不重要，但是從永恆的觀點來看，還是有相當多的苦難，而世上完全沒有或者至少減掉大部分苦難會比較好（有些人說我們必須有苦難才能理解幸福的感受。或許吧，但我們肯定不需要目前這麼多）。

接著，杜索達主張因為上帝給予我們生命，我們沒立場抱怨我們的人生不完美。他以天生缺少部分肢體的人為例說明，如果生命本身是件禮物，我們得到的比想要的少就不算委屈。我回應時指出，我們會譴責懷孕時喝酒或吸毒造成寶寶受傷害的母親，但因為她們給了子女生命，照杜索達的觀點看來，她們似乎沒有做錯什麼事。

最後，如同許多受到壓力的基督徒，杜索達退卻了，宣稱我們不該期待瞭解上帝把世界創造成這個樣子的理由。這就像是螞蟻企圖瞭解我們的決定，而我們的智慧跟上帝的無窮智慧相比，太渺小了（這是聖經〈約伯記〉用比較詩意的方式提供的答案）。然而，我們一旦這樣拋棄自己的推理能力，那我們乾脆任何事都直接相信好了。

此外，斷定我們的智慧跟上帝的智慧相比顯得微不足道，正好是辯論的重點：有個無限睿智而且全能至善的上帝。我們親眼所見的證據，讓我們較容易相信這世界根本不是某個神創造的。但是，如果我們堅持神靈創世論，創造這世界的神就不可能全能又至善。祂不是邪惡，就是笨手笨腳。

摘自《自由探索》，二〇〇八年十月／十一月號

# 無神論的道德

（共同作者／馬克．豪瑟）

宗教對道德是必要的嗎？許多人認為否認道德的神靈起源，太過離譜，甚至是褻瀆。我們的道德感不是由某種神靈創造，就是從組織化的宗教教誨中學來的。無論如何，我們需要宗教來抑制天性的罪惡。就如《非洲女王號》（*The African Queen*）電影中凱薩琳．赫本（Katharine Hepburn）飾演的角色所言，宗教讓我們超脫邪惡的舊自然狀態，給我們一個道德指南。

但是道德來自上帝的觀點有很多問題。其一是我們不能同時說上帝是善的，而且給了我們分辨善惡的能力，那就陷入贅述了。這麼一來，我們只是說上帝自己符合上帝的標準。

第二個問題是，無論他們信仰什麼，所有信教的人並沒有全體共通、卻是不可知論者與無神論者不遵守的道德原則。確實，無神論者和不可知論者比起信教者，並沒有表現得比較不道德，即使他們的善行出於不同的原則。非信徒經常跟任何人有同樣強烈堅定的是非感，也努力廢除奴隸制，貢獻心力化解人類的苦難。

反過來說也一樣正確。從上帝命令摩西屠殺包括成年男女、男童和非處女女童的米甸人（Midianites，阿拉伯游牧部族），到十字軍東征、宗教審判、遜尼派與什葉派穆斯林之間的無數衝突，還有相信殉教能夠上天堂的自殺炸彈客，宗教讓人們做出了一大串可怕的罪行。

道德源自宗教這個觀點的第三個困難是，即使世界各大宗教間的教義有明顯差異，有些道德要素似乎是共通的。其實，這些要素甚至延伸到中國這種文化圈。在當地，宗教並沒有儒教的哲學見解來得重要。

或許有個神聖造物主，在創世的時刻給了我們這些共通的要素。但是有個符合生物學與地質學事實的替代解釋是：我們幾百萬年來演化出一種道德能力，能夠產生是非對錯的直覺。

有史以來第一次，建立在衍生自道德哲學的理論主張的認知科學研究，有可能解決關於道德起源與道德本質的古老爭議。

試考慮以下的三種情境。在每一個空白處填入「義務」、「允許」或「禁止」。

一、一列失控的火車即將撞上走在鐵軌上的五個人。有名鐵路工人站在一個可以把火車導入支線的轉轍器旁邊，只會撞死一人，但讓五人活下來。扳動開關是

＿＿＿的。

二、你經過一個在淺塘裡溺水的小孩子，你是周邊唯一的路人。如果你救起小孩，她會活下來，但是你的褲子會毀掉。救小孩是＿＿＿的。

三、五個性命垂危的人剛被送進醫院，各自需要一個器官才能活命。時間不夠從別的醫院調集器官過來，但是醫院候診室裡有個健康的人。如果醫師割走此人的器官，他會死掉，但是五個垂危的人會活下來。割走健康者的器官是＿＿＿的。

如果你判斷第一例是允許的，第二例是義務的，第三例是禁止的，那麼你就像全世界在我們網路測驗中（http://moral.wjh.harvard.edu/）回應這些兩難問題的一千五百名受測者。如果道德是神的指示，無神論者與信徒對這些案例應該有不同的判斷，他們的回應應該有不同的合理化說法。

例如，因為無神論者應該缺少道德指南，所以會被純粹自利所引導，視而不見走過溺水的小孩。但是有無宗教信仰的受測者之間並沒有統計上的明顯差異，大約九〇％受測者表示扳動轉轍器是允許的，九七％表示有義務救援那個小孩，而九七％表示禁止割取健康者的器官。

當受測者被問到要如何解釋有的案例允許而有的禁止，他們不是毫無頭緒，就是提出無法具體說明差異的解釋。重要的是，信教者跟無神論者一樣會毫無頭緒或自我矛盾。

這些研究提供以下這個概念實證上的支持。就像心智的其他心理能力，包括語言與數學，我們天生就有道德能力引導我們的直覺判斷對錯。這些直覺反映出幾百萬年來我們祖先作為社會化動物生活的結果，而且是我們普遍遺傳到的一部分。

我們的進化直覺未必會在道德兩難上給予正確或一貫的答案。適用我們祖先的未必適用於現代。但是洞察道德現狀的改變，如動物權益、墮胎、安樂死與國際援助等熱門議題，並非來自宗教，而是來自於謹慎反省人性，以及我們認為怎樣才是好的生活。

在這方面，我們必須明察舉世共通的道德直覺，才能據以反省，如果我們選擇，也可做出相反的行為。我們這麼做無關瀆神，因為道德來源是我們自己的天性，而非神的天性。

摘自「評論彙編」，二〇〇六年一月四日

# 我們準備好接受「道德藥丸」了嗎？

（共同作者／艾嘉塔・薩岡）

去年十月在中國的佛山，有一名兩歲女童被廂型車輾過。司機沒有停車。接下來的七分鐘內，十幾個人走過或騎車經過受傷的女童。第二輛卡車又輾過她。最後，有位婦人把她拉到路旁，接著孩子的媽趕到了。結果女童死在醫院裡。整個場景被監視器拍下來，電視台報導與貼上網路之後引發了公憤。二〇〇四年倫敦也發生過類似事件，如同其他意外，沒有被監視器拍到。

但是民眾可能、也經常會有很不一樣的表現。用關鍵字「英雄拯救」搜尋新聞，一向會出現路人冒險面對駛來的火車、急流與大火，拯救陌生人免於傷害的故事。極端的仁愛、負責與慈悲的行為就像反面行為一樣，幾乎是舉世共通的。

當其他人根本懶得停下來打個電話報警，為何有些人願意冒生命危險幫助陌生人呢？

科學家探索這種問題已經有幾十年了。在一九六〇年代與七〇年代初，史丹利・米格蘭（Stanley Milgram）與菲利普・金巴多（Philip Zimbardo）所做的著名實驗暗示，我們大多數人在特定情境中會自願對無辜者施加重大傷害。在同一個時期，約翰．達利（John Darley）與C．丹尼爾．巴特森（C. Daniel Batson）證明，即使某些正準備到課堂上報告「好心的撒馬利亞人」寓言（聖經典故）的學生，如果知道自己快遲到了，就算眼見躺在路邊呻吟的陌生人，也不會伸出援手。比較近期的研究告訴我們，很多人類做道德決定時腦中發生的事。但我們有比較瞭解是什麼驅動我們的道德行為嗎？

這些實驗的討論有許多都漏掉下面這件事：某些人就是會做正確的事。最近在芝加哥大學的一項實驗（我們對它有些道德保留）似乎給了部分答案。

那邊的研究人員抓兩隻同關一籠的老鼠，把其中一隻困在只能從外面打開的管子裡。自由的老鼠通常會試圖開門，最終成功。即使自由的老鼠可能先吃光所有巧克力，再把受困老鼠放出來，牠們最後多半會釋放獄友。科學家解讀實驗後認為，這顯示老鼠具有同理心。但若是如此，實驗也顯示個別老鼠的差異，因為三十隻老鼠僅有二十三隻釋放了受困的同伴。

牠們行為有所差異的原因必定來自於老鼠本身。有一點似乎是可信的，人類就跟老鼠一樣，幫助別人的意願分散在廣泛的光譜中。針對精神變態等異常人士的研究相當多，但我們也必須深入瞭解大多數人相對穩定的差異（或許深植於我們的基因）。

無疑，情境因素可能造成重大差別，或許道德信念也有差，但如果人類只是表現道德的傾向不同，我們也需要更加瞭解這些差異。到時候我們才會對我們的道德行為，包括人際差異如此之大的理由與是否有辦法改變，有個適當的理解。

如果持續的大腦研究真的能顯示助人者與不助人者的大腦有著不同的生化作用，可提高助人意願的「道德藥丸」會因此出現嗎？鑒於許多其他研究認為生化狀態跟心情與行為有關，能調整這兩者的藥物也大量出現，這個想法並不離譜。若是如此，人們會選擇服用嗎？罪犯可以有這個選項代替坐牢，用可釋出藥物的植入物讓他們較不會傷害人嗎？各國政府會開始篩檢民眾，找出最可能犯罪的人嗎？犯罪風險特別高的人可能必須服用道德藥丸；如果拒絕，就可能必須戴上隨時顯示行蹤的追蹤裝置，讓他們瞭解若是真的犯罪會被偵測到。

五十年前，安東尼．勃吉斯（Anthony Burgess）寫了未來小說《發條橘子》（*A Clockwork Orange*），描述一個凶惡的黑幫老大進行了某種程序，讓他無法行使暴力。史丹利．庫布里克（Stanley Kubrick）在一九七一年翻拍的電影也引發討論，許多人主張無論能夠防止多麼棘手的暴力，我們剝奪他人的自由意志絕對沒有藉口好說。任何研發道德藥丸的提議，無疑也會遭遇同樣的反對。

但如果我們大腦的化學作用真的影響道德表現，這種平衡是以自然的方式或是由醫學介入來維持，都不會影響我們的自由行為。如果我們之間已經有生化差異可以用來預測我們的行為會有多道德，那麼這種差異不是跟自由意志相容，就是成為證據，證明至少在某些道德行為上，根本沒有人擁有自由意志。無論如何，不管我們是否有自由意志，我們可能很快會面臨各種影響行為以尋求改善的新選擇。

摘自《紐約時報》，二〇一二年一月二十八日

# 慈悲的特質

最近梅格拉希（Abdel Basset Ali al-Megrahi）被釋放，引發眾怒，他是一九八八年在蘇格蘭洛克比上空炸毀泛美航空一〇三班機唯一被定罪的人。大約在同時間，美式足球的費城老鷹隊給了前球星麥可・維克（Michael Vick）東山再起的機會，他因為經營鬥狗組織，讓失敗的鬥犬受虐、被殺害而定罪。還有一九六八年在越南美萊村屠殺數百位平民的排長威廉・卡利（William Calley），現在打破對媒體的沉默，為他的行為道歉了。

我們何時該原諒作惡的人或表示慈悲？許多社會面對殘害動物的罪行太過輕忽，但是維克的刑罰（入獄二十三個月）非常重。除了坐牢，他失去了兩年的球員職涯與幾百萬美元的收入。如果維克不能再打美式足球，他遭受的懲罰將遠超過法院的裁定。

維克表達過悔改。更重要的是，他把言語化為行動，自願擔任動物收容所志工，也跟美國人道學會合作反對鬥狗。很難看出不准他恢復職位、回去做他最擅長的事，能有什麼好處。

梅格拉希因為殺害兩百七十人被定罪，判處無期徒刑。他只服刑七年，蘇格蘭司法部長肯尼・麥卡斯基（Kenny MacAskill）根據一份醫療報告，指出梅格拉希罹患末期癌症、只剩三個月壽命，便基於同情釋放他了。沒人提起是否悔改的問題，因為梅格拉希從未認罪，直到獲釋前也不曾放棄上訴。

關於梅格拉希是否真的快死，引起一些懷疑。似乎只有獄方醫師敢說他的壽命只剩三個月，而其他四位專家拒絕判斷他可能活多久。[1]也有人臆測梅格拉希獲釋跟英國及利比亞在談判石油契約有關。最後，有些人質疑梅格拉希是否真的是犯案凶手，此事可能影響了麥卡斯基的決策（不過若是如此，最好留給法院去解決）。

我們暫且不談這些問題。假設梅格拉希有罪，而且獲釋是因為只剩三個月可活，囚犯的絕症可以合理化因同情而釋放嗎？

答案或許要看犯罪的性質、刑期長短，還有剩餘刑期的比例。對兩年刑期服完一半的扒手而言，如果得死在牢裡、沒有家人的陪伴，堅持要他服完刑期就太嚴厲了。但是釋放因大量殺人、判無期徒刑且只關了七年的人，又是另一回事。如同受害者家屬指出的，策畫犯案的梅格拉希毫無同情心。他們問，我們為何該對他表現同情心？

1 他活到二〇一二年五月，獲釋後近三年。

麥卡斯基向蘇格蘭議會捍衛他的決定，他並沒有引用英語文化中最著名的求情演說——莎士比亞劇作《威尼斯商人》裡波希亞的台詞，但是波希亞的話很符合他的陳述核心。波希亞知道夏洛克沒有義務同情違反了兩人協議的安東尼奧。她告訴夏洛克：「慈悲的特質是沒有拘束力。」意思是不具約束性或強制性，而是像下雨一樣自然地發生。麥卡斯基承認梅格拉希絲毫未表現出同情心，但是他也正確地指出，光憑這一點無法構成不在他臨死前同情他的理由。他接著訴求人性、同情與慈悲的價值觀是「我們努力奉行的信仰」，認為他的決定符合蘇格蘭人的價值觀。

我們可以合理地不贊同麥卡斯基的決定，但除非表象之下另有內情，我們應該承認他的動機出於我們都能行使的某種最崇高的價值。而且，如果我們認為梅格拉希的犯罪尚未充分受到懲罰，我們又該如何看待退伍中尉威廉・卡利的待遇？

一九七一年，卡利因為謀殺「至少二十二名年齡與性別不確定的越南平民」而被定罪。他也因為意圖殺害一個越南小孩、對他施暴而被定罪。但是定罪的三天後，沒錯，才三天，理查・尼克森總統便下令放他出獄，允許他在舒適的兩房獨棟房子內服完剩餘刑期。他跟一個女伴與一名助手同住。三年之後，他連這種拘留都免除了。

卡利一向宣稱他只是奉命行事。他的上司恩尼斯特・梅迪納（Ernest Medina）上尉命令他燒掉村子、在水井裡下毒，但是沒有明確證據顯示命令包括殺掉非戰鬥人員——即使下了這種命令，也不應該遵命（梅迪納沒有被判謀殺罪）。

拒絕公開發言幾十年之後，已經六十六歲的卡利最近說他「每一天」都「因為在美萊村發生的事」感到悔恨。這不禁讓人猜想，那些美萊村死者家屬原諒卡利的意願，是否比洛克比空難死者家屬原諒梅格拉希的意願高。

摘自「評論彙編」，二〇〇九年八月三十一日

# 懷念逝者

我剛出了關於我外祖父大衛・奧本海姆（David Oppenheim）的一本書。[1]他是猶太裔維也納人，先是屬於佛洛伊德社交圈，後來成為阿德勒（Alfred Adler，心理學家兼醫師）社交圈的一員。他雖然有長期的興趣探索人類心理學，卻低估了納粹的威脅，在納粹併吞奧地利之後，來不及逃走。他被押解到過度擁擠、食糧不足的特萊西恩施塔集中營，不久就死了。幸好我父母及時逃離維也納。他們得以前往澳洲，而戰後我就在澳洲出生。

我的外祖父留下了許多書信和論文。其中一篇問到：什麼是幸福人生？因為大衛・奧本海姆是位古典學者，便在古典文本的脈絡中討論這個問題。他引用希羅多德（Herodotus）的第一本書的一個段落，描述雅典睿智的立法者梭倫（Solon）拜訪里底亞極富有的國王克羅伊斯（Croesus）。招待了梭倫且聽完他的旅行故事之後，克羅伊斯問他：「誰是你見過最幸福的人？」克羅伊斯期待聽到自己是世界上最幸福的人，因為有誰比他更富裕、能統治更多人民呢？梭倫打破克羅伊斯的預期，指名一個叫泰勒斯（Tellus）的雅典人。克羅伊斯嚇了一跳，追問這個選擇的理由，於是梭倫描述了泰勒斯的人生概況。他住在一個繁榮城市裡，有幾個好兒子，活著看到他們每個人生兒育女。他有足夠的財富，而且死得很光彩，在敵人潰逃時戰死。雅典人在他死去之處舉行公開葬禮，給他很高的榮耀。

我外公從這個故事整理出梭倫所謂的幸福人生具備十項要素：

一、他的國家處於和平繁榮期。
二、活得夠久，見得到第三代。
三、沒有失去身為勇士的完整活力。
四、舒適的收入。
五、教養良好的子女。
六、孫兒輩開枝散葉，確保傳宗接代。
七、死得痛快。
八、徹底證明自己的力量。

1 *Pushing Time Away: My Grandfather and the Tragedy of Jewish Vienna* (New York: Ecco, 2003).

九、最高哀榮的葬禮。

十、透過公民的榮耀紀念在歷史留名。

從最後兩點可以看出，梭倫認為人死後發生的事（得到哪種葬禮，留下何種名聲）對人生幸福與否很重要。這不是因為梭倫想像你死後可以從某處俯瞰人間，看到自己的葬禮情況。沒有跡象暗示梭倫相信有永生這回事，我當然也不信。但是懷疑死後有來生，會令人認定死後發生的事不可能影響人生是否幸福嗎？

我思考這個主題時，在兩個不相容的立場之間搖擺：事情唯有衝擊到你的知覺才會對你重要，意思是你以某種方式體驗到的話；或者無論你知不知道、當時是否活著，你的偏好被滿足才重要。像邊沁等古典效益主義者抱持的前者觀點比較直接，在某些方面，哲學上也容易辯護。但是試想像以下情況。一年前，你在大學某系工作的某同事被告知她有癌症，預期只能活一年左右。聽到這個消息，她休了無薪假，用這一年寫書，整理你認識她的這十年來在研究的點子。這項任務把她累壞了，但是已經完成。瀕死時，她把你叫到她家，把打字稿交給你。「這是我希望被記住的作品。」她告訴你：「請幫我找一家出版商出版。」你恭喜朋友完成了作品。她虛弱又疲倦，但顯然很滿意把作品交到你手裡。你們彼此道別。隔天你接到電話，得知你離開同事家不久，她便死於睡夢中。你閱讀她的稿子，無疑可以出版，但不是突破性的作品。「有什麼意義呢？」你暗自想：「我們不太需要另一本關於這些主題的書。反正她死了，永遠不會知道書是否出版了。」於是你沒有寄給出版商，把稿子丟進垃圾桶。

你做錯了什麼嗎？更明確地說，你辜負了同事嗎？比起把書稿交給出版商出版、上市，就像許多內容不錯、但不具突破性的學術作品，得不到多少注意，你在某個方面讓她的人生沒那麼美好嗎？如果我們的答案是肯定的，那麼我們在別人死後做的事情就可能影響他們的人生好壞。

閱讀我外公的作品，把他的人生與思想介紹給更多讀者，是否就是為他做了什麼事情，而且在某方面（無論多麼輕微），減輕了納粹對他的虧待？書寫關於外祖父的書迫使我思考，這樣的想法是否合理。外公會希望被孫兒們記得，而學者兼作家會希望死後有人看他的作品，這種想法不難想像。尤其是迫害我外公的暴政，企圖壓制他偏好的自由派普世觀念、撲滅他族群的每一個人，最後他因此而死，或許這種想法更容易理解。這算不算梭倫所說的，人死後發生的事真會影響他的人生好壞？針對這個問題，我想你不必相信來生，也能給出肯定的答案。

摘自《自由探索》，二〇〇三年夏季號

# 這應該是最後一代嗎？

你考慮過要不要生小孩嗎？如果有，什麼因素影響了你的決定？是生小孩對你、你的伴侶及其他親友（例如你已生的小孩或父母）有益？對大多數考慮生兒育女的人，這些都是首要問題。有些人可能也會想到，將近七十億的人口對地球環境已經造成不少壓力，是否還要增添更多壓力。然而，很少人會問被生下來對小孩本身好不好。考慮這個問題的人，多半是他們有理由害怕小孩的人生會特別辛苦，像是遺傳到無法在出生前偵測的家族身心重症。

上述暗示，我們認為把沒指望獲得幸福健康人生的小孩生到世上是不對的，但我們通常不認為小孩可能擁有幸福健康的人生是生小孩的理由。這在哲學界稱作「不對稱」，不容易合理化。但與其深入討論通常提出的解釋，以及這些解釋無法合理化的原因，我想要提出一個相關問題。人生要有多好，生小孩才合理？現今已開發國家大多數人的生活水準已經夠好，所以，只要不是明確知道小孩會有嚴重的遺傳疾病或其他問題，就不成問題嗎？

十九世紀德國哲學家亞瑟・叔本華（Arthur Schopenhauer）主張，

即使我們追求的目標是人類最佳的生活，一旦達成，也只會帶來逐漸消褪的滿足感。然後，新的欲望會讓我們繼續無用地奮鬥，如此循環不已。

兩百年來，很少人為叔本華的悲觀主義辯護，但最近出現了一個人——南非哲學家大衛・貝納塔（David Benatar）。他著有一本標題迷人的好書《寧可不曾存在》（*Better Never to Have Been: The Harm of Coming into Existence*）。貝納塔的主張之一是關於剛才提過的不對稱性。貝納塔主張，把小孩生下來、讓他受苦就是傷害他，但是把小孩生下來、讓他擁有幸福人生並不算是造福他。很少人會認為讓一個無辜的小孩遭受嚴重苦難是對的，即使那是我們能生下其他許多小孩的唯一辦法。但是每個人在某個程度上都會遭受苦難；如果我們的物種持續繁殖，可以確定未來某些小孩會遭遇嚴重的苦難。所以，持續繁殖會嚴重傷害某些小孩，而沒人受益。

貝納塔也主張，人類生活大致上比我們認為的差多了。我們人生大多數的時間都耗在未能滿足的欲望，而我們大多數人做得到的偶爾滿足，不足以彌補這些漫長的負面狀態。如果我們認為這是可容忍的狀態，在貝納塔看來，那是因為我們是過度樂觀的幻覺受害者。這個幻覺幫助我們的祖先生存下來，可能因此進化，但仍然是幻覺。我們若能客觀看待我們的人生，就會看出不該將之施加在任何人身上。

以下是個測試我們對此觀點有何態度的思想實驗。深思熟慮的人大都極度關心氣候變遷。有些人不再吃肉，也不再飛到國外度假，以求減少碳足跡。但是未來最受氣候變遷傷害的人尚未出生。如果沒有未來的世代，我們產生的罪惡感會減輕許多。

所以我們何不讓自己成為地球上的最後一代人？如果我們都同意讓自己絕育，那就不須做任何犧牲，我們可以為所欲為，直到滅絕！

當然，普遍性絕育不可能達成協議，但是想像一下這個情況。這個情境有什麼不對嗎？即使我們對人類的生存沒有貝納塔悲觀，還是可以為它辯護，因為這讓大家比較好過。例如，我們可以擺脫所有禍害未來世代的罪惡感，而且不會傷害任何人，因為不會有別人可以傷害了。

有人類生活的世界比沒人的世界好嗎？姑且不論我們如何對待其他物種，那是不同的議題。假設我們必須在現在這個世界和完全沒有知覺生物的世界之間選擇，而且必須採取哲學家常用的假想方式，假設我們若是選擇完全沒有知覺生物的世界，每個人都會同意這麼做。沒有人的權利會被侵犯，至少現存者的權利不會。那麼不存在的人有沒有權利被生下來呢？

我真的認為選擇非知覺的宇宙是不對的。依我判斷，對大多數人而言，人生是值得活的。即使目前尚未達到這樣的境界，我也足夠樂觀，願意相信，如果人類能再生存一、兩個世紀，我們會從歷史學到教訓，造就一個比現有苦難少得多的世界。但是合理化那個選擇，迫使我們重新思考我開場提到的深度議題。人生值得活嗎？未來小孩的利益構成生小孩的理由嗎？我們明知一定會給無辜的未來人類帶來苦難，物種延續還是合理的嗎？

摘自《紐約時報》，二〇一〇年六月六日

# 哲學居冠

去年，哈佛大學有份報告敲響了警鐘，因為內容顯示美國學生念完人文學位的比例從一四％掉到了七％。連哈佛這種菁英大學都發生了類似的衰減。此外，近年來的衰減似乎愈來愈嚴重。有人說人文學科發生了危機。

我不太清楚整體人文學科的狀況，無法評論是什麼造成了學生減少。或許很多人文學科被認為很難帶來令人滿足的職涯，甚至根本找不到工作。或許是因為某些學科無法跟外人溝通他們做什麼，以及為何重要。即使實情很難接受，但或許不只是溝通問題：有些人文學科跟我們所在、刺激又快速變遷的世界，真的愈來愈遙遠。

我只陳述這些可能性，但不對任何一項做評斷。然而，我對自己的學科確實有所瞭解，能發揮哲學實用面的倫理學，對我們最迫切的議題做出了重大貢獻。

我是哲學家，所以你可能合理懷疑我的觀點帶有偏見。幸好，我可以引用瑞士智庫哥利布杜威勒研究所（Gottlieb Duttweiler Institute，簡稱ＧＤＩ）的一份獨立報告來支持我的說法。

GDI最近發表了二〇一三年全球百大思想領袖的排行榜，名單包括經濟學家、心理學家、作家、政治學家、物理學家、人類學家、資訊科學家、生物學家、企業家、神學家、醫師與其他幾個學科的人士。但是全球思想家前五名有三位是哲學家，包括斯拉沃熱．齊澤克（Slavoj Žižek）、丹尼爾．丹奈特和我本人。GDI排第四名的尤爾根．哈伯瑪斯（Jürgen Habermas）是社會學家，但是報告中承認他也算是哲學家。

全球思想領袖前五名唯一無關哲學的是高爾（Al Gore）。百大之中的經濟學家多過任何學科，但是排名最高的經濟學家尼可拉斯．史登（Nicholas Stern）只占整體的第十名。世界前五位最有影響力的思想家都來自人文學科，其中三、四人來自哲學，這有可能嗎？要回答這個問題，我們必須問GDI做全球思想領袖排名的衡量標準是什麼。

GDI的目標是找出「與整體全球資訊環境有共鳴的思想家與觀念」。抽取資料所用的資訊環境或許是全球性的，但也只有英文，或許能夠解釋為何百大裡面沒有中國思想家。此外，有三項資格規定：一、必須以思想家為主業；二、在本業以外，必須具知名度；三、必須具有影響力。

排名是許多不同標準的綜合結果，包括他們在YouTube與推特有多少觀看次數與追蹤者，還有在部落格與維基百科的知名度。結果顯示了每位思想家在各國與各領域的重要性，排行榜再選出最常被提到與引發廣泛辯論的那些思想家。

排行榜無疑會逐年變動。但我們必須判定二〇一三年有幾位哲學家在觀念的領域特別有影響力。

對於認為蘇格拉底的言行煩人到足以用「腐化年輕人」罪名將他處死的雅典領袖們，這不會是什麼新聞。熟知許多把哲學帶到大眾市場的成功案例的人，也不會引以為怪。譬如有本雜誌叫《現代哲學》（*Philosophy Now*），其他語言也有類似的出版品。如今「哲學名句」（Philosophy Bites）的網站上有各種節目，許多部落格與網路免費課程也吸引了成千上萬的學生。

或許民眾對思考宇宙與我們人生的興趣漸增，是出自糧食、居住與人身安全問題（對地球上至少十億人而言）已經大致解決的結果。這讓我們自問人生中還想要什麼，或該要什麼，那正是許多哲學探索路線的起點。

以思考與辯論學習哲學，而不只是被動地閱讀，培養我們批判推理的能力，讓我們面對快速變遷世界中的許多挑戰。或許因此許多雇主現在樂於雇用哲學成績不錯的畢業生。

上哲學課可能改變一個人的一生。比起學哲學以培養一般推理能力的好處，這更驚人、也更重要。我從自身經驗得知，上哲學課可能讓學生們吃素，追求能讓他們捐出一半收入給有效慈善團體的工作，甚至捐腎給陌生人。有多少學科能夠做到這樣呢？

摘自「評論彙編」，二〇一四年四月九日

# ⋯關於動物⋯

# 歐洲的道德雞蛋

四十年前，我跟幾個同學站在繁忙的牛津街頭發傳單，抗議使用層架式格子鐵籠養雞。接下傳單的人大都不知道，他們吃的雞蛋來自關在小到連一隻鳥都無法完全伸展與振翅的籠中母雞，而每籠通常關四隻。那些母雞永遠無法自由地走動，或在窩裡下蛋。

很多人為我們的年輕理想鼓掌，但是告訴我們別指望能改變一個重大產業。他們錯了。

二〇一二年的第一天，不只美國，也包括歐盟全體二十七國，開始禁止將母雞關在這種籠子裡。雞隻還是可以關籠，但必須有更多空間，而且籠內必須有巢箱與磨爪柱。上個月，英國雞類福祉基金會的人員提供新家給一隻名叫「自由」的母雞。他們表示，牠是英國最後一批仍住在我們反對的籠子裡的母雞之一。

一九七〇年代初期，現代動物解放運動起步時，沒有任何主流組織出面反對格子鐵籠。所有動物保護組織的鼻祖——皇家虐待動物防治學會早已失去往年的激進立場，專注在虐待個案，無力挑戰農場上或實驗室裡虐待動物的固有方式。靠一九七〇年代新興動保激進派的一致協力，才動搖了皇家學會默許格子鐵籠與其他密集壓榨動物方式的態度。

最後，新一波動保運動成功影響了更廣泛的群眾。消費者購買放養母雞下的雞蛋作為回應。某些連鎖超市甚至不再採購籠雞下的雞蛋。

在英國與某些歐陸國家，動物福祉成為政治重點，對國會議員的壓力愈來愈大。歐盟設立了一個科學委員會調查農場的動物福祉問題，該委員會建議禁止格子鐵籠，以及其他對豬隻及小牛狹隘監禁的方式。最後歐盟終於在一九九九年採行格子鐵籠的禁令，但為了確保生產者能有充分時間汰換已投資的設備，正式實施延後到二〇一二年一月一日。

幸好，英國雞蛋產業接受這個狀況，研發了較不殘酷的養雞新方法。然而，不是所有國家都準備好了，估計高達八千萬隻雞可能仍關在非法格子籠裡。但至少原本會在標準格子籠過著悲慘生活的三億隻雞，現在狀況改善多了，而且歐盟官僚遭受極大的壓力，四處執行禁令，已經遵從新規定的蛋商也會施壓。

格子籠被禁之後，歐洲確立了動物福祉的世界領袖地位，這也反映在限制化妝品使用動物測試的禁令。為什麼歐洲在動物福祉上，遙遙領先其他國家呢？

在美國，沒有聯邦法律規定蛋商該怎麼養雞。但是，當這個議題在二〇〇八年交到加州選民手上時，他們壓倒性支持一項提案，要求所有農場動物都有完全伸展四肢的空間，在籠裡轉身不會碰到其他動物或籠壁。這暗示或許問題不在美國公民的態度，而是在聯邦層級；美國政治體制允許有大量獻金的各產業擁有過多權力去違反大多數民眾的意願。

中國跟美國一樣，用籠子養了最大數量的母雞，而動物福祉運動才剛開始萌芽。為了幾十億隻農場動物的福祉，我們希望動物福祉運動能快速成長並成功。

今年年初是慶祝動物福祉有重大進展的時刻，對歐洲而言，我們往更文明、更人道的社會又邁進了一步，表現出對所有可能受苦難的生命的關注。這也是慶祝民主效能與道德觀念力量的機會。

據報導，人類學家瑪格麗特．米德（Margaret Mead）說過：「永遠不要懷疑一小群有創見又投入的公民能夠改變世界。其實，向來都是如此。」後段話或許不盡正確，但是前段話肯定沒錯。歐洲的格子籠終結比起阿拉伯之春沒那麼戲劇性，但是就像民眾起義那樣，一切都始於一小群有創見又投入的人。

摘自「評論彙編」，二〇一二年一月十七日

# 如果魚會慘叫

在我小時候，家父經常帶我沿著河邊或海邊散步。我們會經過或許正在收線的釣魚客，對抗掙扎的上鉤魚兒。有一次，我看到某人從桶裡拿出小魚，刺穿在魚鉤上當釣餌，魚仍在扭動。

另一次，我們走到一條寧靜的溪邊，我看到有人坐著看他的釣線，一副怡然自得的模樣，同時在他身旁，已經捉到的魚兒正無助地掙扎喘氣。家父告訴我，他不懂怎麼會有人用整個下午把魚抓出水中，讓牠們慢慢死掉。

當我閱讀上個月發表在 fishcount.org.uk 網站的突破性報告《海裡有更糟的事》（*Worse Things Happen at Sea: The Welfare of Wild-Caught Fish*），這些童年回憶不禁浮現。世上大多數地方都接受，如果要殺動物來吃，應該盡量不造成動物的痛苦。屠宰法規通常要求宰殺之前，讓動物立刻失去知覺或瞬間致命。若是儀式所需，則在宗教教義允許的範圍，盡量接近瞬間致死。

但是魚類並不適用。海上抓到並屠宰的野生魚類，並沒有人道規定，在大多數地方，養殖魚類也沒有。拖網漁船抓到的魚被倒在甲板上窒息。在稱作延繩捕魚的商業捕魚技術中，拖網船放出的線可能有五十到一百公里長，配有幾百、甚至幾千個掛餌的魚鉤。吃餌的魚可能完全清醒，被穿過牠們嘴巴的魚鉤拖著走好幾小時，直到最後釣線被拉起。

同樣地，商業捕魚經常仰賴流刺網，相當於用一片片細網之牆捕魚，鉤住的往往是魚鰓。魚鰓被束緊，魚便無法呼吸，可能在網中窒息。即使沒有，牠們也許困在網裡很久才會收網。

不過，報告中最驚人的啟發是，人類如此殘殺的魚類數量驚人。報告書作者艾莉森·穆德（Alison Mood）利用各種公開的魚類捕獲噸數，以每個物種的估計平均重量分類，提出每年全球野生魚類捕撈規模的系統性估算，這很可能是史上第一次。她估計大約是一兆隻，不過可能高達兩兆七千億隻。

聯合國農糧署參考這一點，估計每年有六百億隻陸地脊椎動物被殺，供人類消費——約略相當於地球上每個人殺九隻動物。如果我們採信穆德估算的低標一兆，魚類的比較數據是每人一百五十隻。這還不包括非法捕撈的幾十億隻與意外抓到不想要而丟棄的漁獲，也沒計入延繩捕魚被穿在鉤上當餌的小魚生命。

這些魚有很多被間接消費，剁碎餵給工業化農場的雞或魚。典型的鮭魚養殖場每生產一公斤鮭魚就要消耗三到四公斤的野生魚。

我們姑且假設這些捕撈都能永續，可惜自然沒有這回事。那麼這會讓我們安然地相信如此大規模殺戮沒關係，因為魚不會感到痛苦。但是魚的神經系統跟鳥類與哺乳類非常相似，足以暗示牠們感覺得到。當魚類體驗到會造成其他動物肉體痛苦的事，牠們會表現出痛苦的樣子，行為改變可能持續好幾小時（魚類記性很短是個迷思）。魚類能學習迴避不愉快的體驗，像是電擊。而且止痛藥會降低牠們原本可能表現的痛苦症狀。

賓州州立大學的漁業與生物學教授維多莉亞·布萊斯威特（Victoria Braithwaite）可能比任何科學家花了更多時間調查這個議題。她最近出版的著作《魚感覺得到痛嗎？》（*Do Fish Feel Pain?*）指出，魚類不只能感受痛苦，也比大多數人以為的聰明多了。去年，歐盟有個科學委員會認定有壓倒性的證據顯示魚類感受得到痛苦。

魚類為何成了我們餐盤上被遺忘的受害者？因為牠們是冷血動物又有鱗片嗎？因為牠們痛苦時不會發出聲音嗎？無論什麼解釋，商業捕撈造成難以想像的大量疼痛及苦難的證據正在累積。我們必須學習如何人道地捕捉與屠宰野生魚類，如果做不到，就要找出比吃魚不殘酷也更能永續的替代方案。

摘自「評論彙編」，二〇一〇年九月十三日

# 反捕鯨是文化偏見嗎？

三十年前，澳洲漁船在政府允許下到西海岸獵殺抹香鯨。上個月，澳洲帶領國際抗議活動，反對日本獵殺五十隻座頭鯨的計畫，受到壓力的日本宣布他們會暫緩執行一、兩年。輿論對捕鯨的態度改變得相當劇烈，而且不僅是在澳洲。

綠色和平組織最早開始抗議澳洲的捕鯨活動。於是，澳洲政府指派退休法官悉尼．佛洛斯特（Sydney Frost）帶領調查捕鯨業。身為關切時事的澳洲人，以及研究人類對待動物的方式是否道德的哲學教授，我也申請加入。

我沒有主張因為鯨魚瀕臨滅絕，就應該停止捕鯨。我知道有很多生態學與海洋生物專家會提出這種宣示。我轉而主張鯨魚是有大腦的社會性哺乳類，能夠享受生命並感受痛苦，不僅是肉體疼痛而已，也很可能包括失去群體同伴的壓力。鯨魚不可能被人道屠宰，牠們太大了，即使用炸藥、魚叉也很難命中鯨魚的要害。況且，捕鯨人不想使用大量炸藥，因為那會把鯨魚炸成碎片，捕鯨的重點正是從鯨魚取得珍貴的油脂或筋肉。所以被魚叉刺死的鯨魚通常死得緩慢又痛苦。

這些事實讓捕鯨引發了很大的道德疑問。如果人類有什麼攸關性命的需求只能靠捕鯨滿足，或許反對的聲音可以平息，但是沒有重大需求讓我們非殺鯨魚不可。我們從鯨魚得到的一切，都能不靠殘酷的行為獲取。沒有極度重大的理由卻造成無辜生命的苦難是不對的，所以捕鯨不道德。

佛洛斯特也同意。他說毫無疑問，現在捕殺鯨魚的方法不人道，甚至將之形容為「最可怕」。他也提到，「我們面對的很可能是擁有高度發展的大腦與智慧的生物」。他建議停止捕鯨，而麥坎・弗雷澤（Malcolm Fraser）總理領導的保守派政府接受了這項建議。澳大利亞很快變成反捕鯨國家。

日本捕鯨船隊雖然擱置了捕殺座頭鯨的計畫，仍會殺死約一千頭其他種的鯨魚，主要是小型的小鬚鯨。他們以「研究」合理化捕鯨，因為國際捕鯨委員會的規則條款之一，允許會員國為了研究目的而捕殺鯨魚。但是研究的大致方向似乎是想要建立一個恢復商業捕鯨的科學理由，所以如果捕鯨不道德，那麼研究本身就沒必要也不道德了。

日本表示它希望捕鯨的相關討論能夠冷靜地進行，以科學證據為基礎，不帶「情緒」。他們認為證據會顯示，座頭鯨已經增加到一個數量，殺掉五十隻也不會造成滅絕的風險。以這個狹義的觀點來看，他們可能是對的。但是再多的科學也無法告訴我們該不該殺鯨魚。日本人想要繼續捕殺鯨魚的欲望，與反對殺鯨魚的環保人士背後，同樣都有「情緒」。吃鯨肉對於改善日本人的健康或營養沒有必要。這是他們希望延續的傳統，應該是因為某些日本人情感上無法割捨。

日本人確實有個論點不容易反駁。他們宣稱，西方國家反對日本捕鯨，是因為鯨魚對他們是一種特殊動物，就像牛對印度人的意義。日本人說，西方國家不應該把他們的文化信仰強加在別人身上。

這個論點的最佳回應是，造成知覺生物無謂苦難的謬誤性，並非特定文化的價值觀。這也是日本人主要道德傳統佛教的教訓之一。但是西方國家不太有立場做這種回應，因為他們自己也對動物施加了許多不必要的苦難。堅定反對捕鯨的澳洲政府，每年准許人們殺死幾百萬隻袋鼠，這種屠殺造成大量的動物受苦。存在其他國家的各種形式的狩獵也是類似的狀況，更別提工業化養殖造成大量的禽畜受苦了。

捕鯨應該禁止，因為這給能夠享受生命的社會性智慧動物帶來不必要的苦難。但是針對日本人的文化偏見指控，除非西方國家對自己國內無謂的動物苦難做出更多修正，否則他們很難自圓其說。

摘自「評論彙編」，二〇〇八年一月十四日

# 吃純素食的理由

我們能為我們對待動物的方式辯護嗎？基督徒、猶太人與穆斯林可能訴求經文，以合理化自身對動物的支配。我們一旦脫離宗教觀點，面對「動物問題」時，就必須擺脫動物是為我們的利益而創造，或是神意允許我們利用動物等任何預設的立場。如果我們只是這個星球上演化的眾多物種之一，如果其他幾十億非人類物種可以感受痛苦，或是反過來說，也能享受生命，我們的利益應該永遠優先於牠們的利益嗎？

我們影響動物的眾多方式之中，現在最需要合理化的就是養殖作為食物。這項人類活動影響的動物，遠超過其他任何活動。光是在美國，每年飼養與屠宰作為食物的動物數量已經接近一百億隻。(1)嚴格來說，這些全都不必要。在已開發國家，我們有很廣泛的食物選擇，沒人需要吃肉。許多研究顯示，不吃肉可以活得同樣健康或更健康。吃純素、不消費任何動物產品也可以活得很好（維他命$B_{12}$是吃純素唯一缺乏的重要營養素，但很容易從植物來源補充）。

問民眾食用動物的主要道德問題是什麼，大多數人會指向殺生。這當然是個問題，但至少在現代工業化的動物生產方面，有更直接的反對意見。即使因為喜歡吃肉而殺動物沒什麼不對，我們仍然支持著一個對動物施加漫長苦難的農業體制。

肉雞被飼養在收容了兩萬多隻雞的雞舍內。排泄物累積所造成的空氣阿摩尼亞含量，會刺激眼睛、傷害肺臟。現代的雞隻飼養方式是盡快增重；結果僅僅四十二天就達到上市的重量，但是不成熟的骨架很難支撐牠們的體重。有些骨折了，無法進食或喝水，很快就死亡，而牠們的命運跟企業的整體經濟是兩回事。捕捉、運送與屠宰都是粗暴的過程，為的是追求速度的經濟誘因，雞隻的福祉根本不重要。

蛋雞被塞進極小的鐵絲籠，即使每籠只有一隻也無法伸展翅膀。但是通常每籠至少有四隻，往往更多。在如此擁擠的狀況下，籠裡較強悍、具侵略性的雞可能將弱雞啄死。為了防範這一點，生產者會用熱刀把所有雞的喙剪掉。雞喙裡充滿神經組織，是雞探測環境的主要工具——但是沒人用麻醉或止痛藥為牠們舒緩疼痛。

豬可能是我們經常食用的動物中最智慧、最敏感的了。在現今的工業化農場，懷孕母豬都被關在窄到無法轉身的箱子裡，連往前或往後走一步都很難。牠們躺在沒鋪稻草或任

1 很意外地，美國宰殺的養殖動物數量約在我寫這篇文章時達到高峰，後來掉到九十一億隻。

何襯墊的水泥地上，無法滿足分娩前築巢的本能。小豬被盡速帶離母豬身邊，好讓牠再度懷孕，但小豬也被關在室內的水泥地上，直到被送去屠宰。

肉牛生命的最後六個月在飼育場的泥土地上度過，吃不適合牠們消化的穀物，被餵食類固醇以便多長肌肉，還有抗生素以維持生命。牠們在夏日烈陽下沒有遮蔭，在冬季寒風中也沒有遮蔽。

你可能會問，那牛奶和其他乳製品有什麼不對？母牛不是過得不錯，在野地上吃草嗎？而且我們不必殺牠們來取得牛奶。但是大多數乳牛現在養在室內，無法接觸草地。牠們就像人類女性，剛生完小孩才會泌乳，所以乳牛每年都得懷孕。小牛出生幾小時就被帶離母牛，喝不到要給人類消費的牛乳。若是公牛，可能立刻宰殺或飼養成小牛肉，也可能用於漢堡牛肉。牛隻的親子感情很強，小牛被帶走後的幾天內，母牛會經常呼喚小牛。

除了我們對待動物的倫理學問題，現在有人強烈主張吃純素食。自從法蘭西斯·拉普（Frances Moore Lappé）在一九七一年出版《一座小行星的飲食》（*Diet for a Small Planet*），我們瞭解了現代工業化的動物生產極端浪費資源。養豬農場必須用六磅穀物才能生產淨重一磅的豬肉。至於養牛場的牛肉，比例是十三比一。即使是生產效率最大的雞肉，比例也要三比一。

拉普很擔憂這樣會浪費糧食，且對可耕地造成額外壓力，因為我們可以直接吃穀物和大豆，用少得多的土地同樣餵飽自己。現在全球暖化讓問題更尖銳了。大多數美國人認為個人減少助長全球暖化的最佳辦法，就是把家庭轎車換成豐田 Prius 之類的節油油電混合車。芝加哥大學研究人員吉登．艾舍（Gidon Eshel）與潘蜜拉．馬丁（Pamela Martin）算出，這樣雖然會讓每個駕駛人少排放約一噸的二氧化碳，從典型美式飲食改為純素食，則會讓每人省下將近一．五噸的二氧化碳。所以純素食者比起動物產品食用者，對地球氣候的傷害小得多。[2]

食用動物產品有道德的方式嗎？從相對被善待、能吃草而非穀物或大豆的動物取得肉品、蛋及乳製品，是有可能的。節制消費這些來源的動物產品，也能避免一些溫室氣體排放，不過養在草地上的牛隻仍會排放相當數量的氣體甲烷，特別助長全球暖化。所以，如果殺死動物沒有嚴重的道德反對，只要牠們過得好，然後慎選實用的動物產品，就能提出

2 Gidon Eshel and Pamela Martin, "Diet, Energy and Global Warming." *Earth Interactions* 10 (2006): 1–17.

一套合乎道德的飲食。然而，要小心。例如「有機」，並沒有說明是否顧及動物福祉，沒關籠的母雞可能還是被擠進大雞舍。純素食樹立明確的榜樣，讓他人追隨，是一個比較簡單的選擇。

摘自《自由探索》，二〇〇七年四月／五月號

# 想想火雞：感恩節雜感

當我教授實踐倫理學，會鼓勵學生把我們討論的主張帶出課堂外，跟家人朋友聊聊看。對美國人而言，沒有其他場合比感恩節更適合談吃什麼的倫理學了，尤其在這個假日，家族會團聚一起用餐。瞭解這一點，我在排課程主題時，特別設計在感恩節之前教到食物倫理的議題。

傳統感恩節大餐的核心是火雞，是個明顯的對話起點。根據國家火雞邦聯（National Turkey Federation），每年感恩節大約宰殺四千六百萬隻火雞，占美國年消耗量三億隻的一大部分。其中絕大多數（至少九九%）在工業化農場飼養。牠們的生命在許多方面就像工業化農場的雞隻。新孵化的火雞在孵化器中養大，送往火雞農場飼養之前，小火雞被剪喙的時機，跟雛雞一樣，還被剪掉爪子。至於雄火雞，也剪嗉子——雄火雞額頭上的肉質塊狀突出物。這顯然會造成痛苦，但過程一概不使用麻醉藥。例如雞喙不只是像指甲的角質物體，裡面充滿神經，讓自由生活的火雞啄地面，分辨能吃與不能吃的東西。

這些毀傷的理由是，雞隻會被放進陰暗、通風不良的雞舍裡，跟其他幾千隻擠在一起度過剩餘的壽命。空氣中瀰漫排泄物散發的氨氣惡臭，在火雞住在雞舍的四、五個月期間持續累積。在如此不自然又緊繃的狀況下，火雞會互啄或互抓，還可能吃同類。剪掉嗉子是因為它經常成為其他同類啄刺的目標。

當雞隻養到上市重量，會被斷食斷水，集中起來，經常以粗暴的手法（臥底影片顯示火雞被抓起來丟進運送箱）送去屠宰。每年有幾十萬隻根本活不到被宰，而是死於運送過程中的壓力。如果牠們活下來，就跟家雞一樣，仍無法保證死得人道，因為美國農業部認定人道屠宰法案不適用於禽類。

火雞和家雞的差別之一是，火雞經過飼育大幅改種，加大了胸部，因為胸部公認是火雞身上最好吃的部位，標準的美國火雞生動地命名為「寬胸白雞」。但是這個程序讓火雞無法交配，因為雄雞的大胸部會礙事。我告訴學生，有個有趣問題可在感恩節的餐桌對話陷入冷場時丟出來。就指著桌上的火雞問：如果火雞無法交配，火雞是怎麼誕生的？

幾年前，我和在密蘇里州農場上長大的吉姆．梅森（Jim Mason）搭檔，寫了一本書《我們的飲食倫理學》（*The Ethics of What We Eat*）。吉姆決定親眼看看幾億隻無法性交的火雞是如何誕生的。他發現火雞的大型工業化養殖與處理公司 Butterball 登廣告徵求密蘇里州迦太基市的人工授精工人，不需任何相關經驗。吉姆通過藥檢之後，開始上工。他的第一個崗位是抓著雄火雞的腿，把牠們倒吊起來，讓另一個工人替牠們手淫。流出精液後，工人用真空幫浦收集到針筒裡。一隻接一隻，直到用「增量劑」稀釋的精液裝滿針筒，然後拿到母雞雞舍去。

吉姆也曾換班到母雞舍工作，他發現那裡的工作比處理公雞更糟。他是這麼描述的：

你得抓著母雞的雙腿，設法讓「腳踝」交叉，以便用單手抓著腿和腳。重約二十到三十磅的母雞受到驚嚇，拍打著翅膀，驚慌掙扎。牠們在一年多的期間內每週都要經歷一次，而且並不喜歡。你一旦單手抓住牠，就將胸部朝下放在坑洞邊緣，屁股朝上，空出的手則放在肛門與尾巴上，把屁股和尾巴的羽毛往上拉。同時，抓住雙腳的手往下拉，如此「馴服」母雞讓牠屁股朝上，張開肛門。人工授精者伸出拇指，按住肛門正下方，把它拉得更開直到露出輸卵管末端。接著，把連接到空氣幫浦針管末端的精液吸管插入，扣下扳機，釋出一股壓縮空氣，從吸管將精液注入母雞的輸卵管。最後放開母雞，讓牠跑掉。

吉姆應該要每十二秒「馴服」一隻母雞，每小時三百隻，每天做十小時。他必須閃躲驚慌母雞噴出的糞便，如果跟不上步調，還要挨工頭的陣陣辱罵。他告訴我，那是「我幹過最辛苦、最快速、最骯髒、最噁心、最低薪的工作」。

回到感恩節餐桌上。現在家人具體瞭解他們吃的火雞是怎麼來的，經歷怎樣的生與死，我建議學生討論各種意見，看看支持這種對待動物的方式是否道德。如果答案是否定的，那麼明年感恩節就必須做些改變，因為我們購買工業化生產火雞的意願，是火雞業界繼續如此不尊重火雞權益、虐待牠們的唯一誘因。

我們還有其他選擇。傳統火雞，是可以交配、在草地上養大、沒受肢體殘害的品種，每磅平均單價大約是工業養殖雞的四倍，但至少你會知道這隻火雞生前過得好。真的是如此嗎？有生產者聲稱以人道條件在戶外飼養幾百隻火雞，但是賣掉的火雞數量有數倍之多，而且大多數根本沒外出過；這些業者因此被指控詐欺。如果你真想確保自己食用的火雞養在戶外，得花點工夫確認生產者的誠信。

當然，替代方案就是食用以植物為主的感恩節大餐，同時避免成為虐待動物的共犯，這對環境、對你都比較好。在《紐約時報》網站上搜尋「素食感恩節」（Vegetarian Thanksgiving），你會發現很多應景的美味食譜。如果不想下廚，也可以買隻豆腐製的火雞。

人們會說火雞是感恩節的傳統。但朝聖者在一六二一年第一個感恩節是否有吃野火雞，其實並不明確，但有一點是確定的：他們沒吃工業化農場的寬胸白火雞肉。

（先前未曾發表）

# 關於人造肉

八十年前，溫斯頓・邱吉爾期待有一天，「我們能夠逃離為了吃雞胸或雞翅而飼養一整隻雞的荒謬，在適當的條件下分開培養出這些部位。」邱吉爾認為這一步只會花五十年的時間。我們尚未成功，但今日，我們在邱吉爾想像的未來之路上，將抵達一個里程碑：第一次公開品嘗人造肉。

這件歷史大事的幕後科學家，是荷蘭馬斯垂克大學的馬克・波斯特（Mark Post）博士。概念很簡單：從一隻牛身上取一點肌肉組織，在營養液裡培養。它會增殖，最後我們就有了細胞等級定義的肉。但實務上有許多障礙要克服。我們距離培養雞胸肉或牛排還差得遠。第一個目標是生產漢堡肉，本週的品嘗用意在證明我們做得到。漢堡肉會由真實的牛肉組織組成，但不是來自受苦的牛身上，也不會消化食物、排放甲烷。

牛肉生產商應該另找工作嗎？或許最後不得不，但是那一天還沒來到；生產那塊漢堡肉的成本超過二十萬英鎊。

不過，研究人員一旦克服了初步障礙，人造肉沒有理由不能跟活體動物肉在價格上競爭。現今販賣的大多數肉類來自餵食穀物或大豆的動物。那些農作物必須栽培再運送到動物面前，然後食物中一部分營養成分用來生長我們不吃的骨頭或其他部位。直接從營養素培養肉品，應該可以省下可觀的資源。

如果用合理的成本做得到，用人造肉取代活體肉有幾個重要的道德理由。首先是減少動物受苦。如同安娜・賽威爾（Anna Sewell）的《黑神駒》（*Black Beauty*）裡面感人的描述，勞役馬遭受的殘酷待遇，最後被內燃機引擎的效率消滅，現今工業化農場幾百億隻動物遭受的更大量苦難，也可以被更有效率的產肉方式消滅。

你若不讚賞這種成果，八成是鐵石心腸。但這未必只是一種情感反應。探討我們對待動物方式是否道德的哲學家有相當大程度的共識，工業化飼養違反了延伸到我們自身物種以外的基本道德原則。即使像羅傑・史克魯頓（Roger Scruton，哲學家）這種積極捍衛用獵犬獵狐狸的堅定保守派，也寫曾過動物福祉的真正道德，應該建立在工業化飼養是謬誤的前提上。

取代活體肉的第二個理由是環保。使用動物肉品，尤其反芻類，會讓地球暖化，造成未來幾億人淪為氣候難民。牲畜排放的大半是甲烷，反芻類動物消化食物時會排放這種極強的溫室氣體。人造肉不會打嗝或放屁排出甲烷，也不會排泄，所以，密集飼養所需、處理水肥用的巨大化糞池就沒必要了。光是這項改變，氣候變遷的另一強大推動者——一氧化二氮的全球產量，就能少掉三分之二。

聯合國農糧署承認，牲畜排放的溫室氣體超過所有的運輸形式——汽車、卡車、飛機和船舶的總和。根據一些計算，擁有大量牛羊的國家的牲畜排放量，可能占了該國溫室氣體總排放量的一半。如果沒算錯，用乾淨能源取代煤炭和其他化石燃料並不足夠。我們必須降低地球上的牛群數量才行。

有些素食者可能反對人造肉，因為他們認為根本沒必要吃肉。他們自然可以這麼做，維持素食或純素的生活，選擇不吃人造肉，是他們的自由。我自己的觀點是身為素食者本身並不是目的，而是設法減少人類和動物受苦的手段，把適合居住的星球留給未來世代。我四十年沒吃肉了，但如果人造肉成功商業化，我很樂意嘗一嘗。

摘自《衛報》，二〇一三年八月五日

# 黑猩猩也是人

湯米今年二十六歲，從未被定罪判刑，連指控也沒有，卻被單獨囚禁在鐵籠裡——不是關在古巴的關塔那摩監獄，而是紐約州北部的格洛弗斯維爾。

這怎麼可能？因為湯米是隻黑猩猩。

動物維權計畫組織現在向州立上訴法院發起了所謂 habeas corpus（拉丁文的「你擁有你的身體」）的古老法律程序，要終結湯米的監禁。

這種訴訟的目的通常是讓法院考慮某個囚犯被監禁或病患關在精神病院是否合法。他們要求法院把湯米送往佛州的保護區，讓牠跟其他黑猩猩一起在湖中的三英畝小島上生活。

這個月，五位受理上訴法官專心聽取動物維權計畫創始人史提夫·魏斯（Steve Wise）說明湯米的案情。法官們問了合理的問題，包括核心問題：法律上的人權不是只適用於人類嗎？

魏斯引述了先前的判例，顯示並非如此。在民法中，身為「人」就是憑本身的權利作為一個實體。企業可以是法人，一條河流、一本聖經和一座清真寺也可以。

法官們有權宣告湯米是法律上的人。他們應該這麼做，不只是因為把黑猩猩獨自監禁很殘忍。承認湯米具有法定人權的真正理由是，就那個字本來的意思及哲學的角度看來，牠就是個「人」。

什麼才是人？這個名詞，我們可以追溯到古羅馬時代，顯示它所指的從來不只限於人類。早期基督教的神學家辯論過三位一體的教義：上帝是「三位一體」。如果「位」指的是「人類」，那條教義就明顯與基督教信仰互相矛盾，因為基督徒認為「三位」中只有一位是人類。

就比較現代的闡釋來看，科幻電影中，我們毫不猶豫地接受，《E.T.》的外星人或《阿凡達》的納美人都是人，即使他們不屬於「現代智人」這個物種。

閱讀像珍．古德（Jane Goodall）或黛安．弗西（Dian Fossey，動物學家）等科學家的作品時，我們也毫無困難地認出她們描述的人猿是人。

牠們在群體中有親密而複雜的人際關係。牠們失去親人會悲傷。牠們有自我意識，能夠思考。深謀遠慮和預料能力讓牠們預做計畫。我們甚至可以從牠們回應不願禮尚往來的同類的方式，認出倫理的基本原理。

與某些反對此案者的醜化諷刺相反，宣告黑猩猩是人，並不表示給牠們投票、上學或告人誹謗的權利，只賦予牠們擁有最基礎、最基本法律地位的權利，而非單單被視為物品。

過去三十年來，歐洲實驗室看出黑猩猩的特殊天性，已經不把牠們關在研究實驗室，只剩美國仍用黑猩猩做醫學研究。去年，國家衛生研究所（National Institutes of Health）宣布，要讓幾乎所有用於測試的黑猩猩退休，送往保護區。

如果國家的頂尖醫療研究機構都決定，除了很特殊的情況外，不再用黑猩猩當研究測試體，我們為何允許個人毫無正當理由，就把牠們關起來？

該是法院承認我們對待黑猩猩的方式無法寬恕的時候了。牠們都是人，我們應該終結牠們備受委屈的囚禁。(1)

摘自《紐約每日新聞報》，二〇一四年十月二十一日

1 紐約州上訴法院第三轄區，駁回了對動物維權計畫組織代表湯米的申訴。最後紐約州上訴法院拒絕強制執行此訴求。本書出版時，該組織還在尋求其他救濟管道。

# 擬人化的母牛

上個月，有隻逃出屠宰場的公牛出現在紐約市外圍的皇后區。牠大步走過繁忙街道的影片，迅速在許多媒體曝光。對那些關心動物的人，這則新聞有個圓滿結局：這頭牛被捕捉後帶到保護區，讓牠安度餘生。

但是對我來說，這則報導最有趣的層面是媒體指稱動物的用語。《紐約時報》的標題寫著：「逃離紐約屠宰場的母牛找到了庇護」（Cow Who Escaped New York Slaughterhouse Finds Sanctuary）。動保人士長期以來一直努力反對把「who」保留給人類，用「that」或「which」稱呼動物的傳統。不是所有語言都有這種區別，但是在英語中，指稱「the cow that escaped」似乎否定了牠的能動性。我們都會說「逃獄的囚犯」（the prisoner who escaped），但是用「滾下山的石頭」（the rock that rolled down the hill）。

認定《紐約時報》這篇文章顯示出用語上的改變，或許言之過早。它反而透露了一種不確定感，因為文章第一行寫的便是「被警方捕獲的母牛」（A cow that was captured by police）。

我問了《紐約時報》的英文編校菲利浦·柯貝特（Philip Corbett），

使用「cow who」是否反映出政策改變。他告訴我，社方的體例手冊跟美聯社一樣，建議只對有名字或擬人化的動物使用「who」代名詞。手冊中舉了兩例對比，「走失的那隻狗叫了」（The dog, which was lost, howled），但是，「走失的阿德雷得叫了」（Adelaide, who was lost, howled）。

柯貝特補充，編輯可能困在這兩種情況之間。那隻母牛（其實是公牛）在逃脫時還沒有名字，但後來被新家天空之城動物庇護救援組織（Skylands Animal Sanctuary and Rescue）的創辦人麥克・史圖拉（Mike Stura）取了名字：弗雷迪。

報導此事的各家媒體，有的用「who」，有的用「that」。用 Google 搜尋，也顯示兩者混用的現象。輸入「cow who」會有將近四十萬個連結，用「cow that」則有近六十萬個。如果你用「狗」代替「牛」，數字會更接近：有八百多萬個「dog who」與一千多萬個「dog that」。

這可能是因為大多數關於狗的新聞涉及某人的寵物，這些寵物多半有名字。如果 Google 算得上是指標，很少成為寵物的黑猩猩被稱作「who」的頻率，幾乎是「that」的兩倍。牠們跟我們的相似度以及牠們無可否認的個體性，想必都有所影響。對大猩猩與紅毛猩猩也是，「who」比「that」更常用。

Google Ngram 能計算單字或詞彙在不同年份出現在印刷品的頻率，這提供了另一個有趣的觀點。一九二〇年，每用一例「cow who」就有十倍以上的「cow that」，到了二〇〇〇年，比例掉到低於五比一。我們似乎愈來愈把牛隻擬人化了，儘管許多主人認識每一頭牛的家庭牧場，已經被企業經營、畜養幾千隻無名動物的工業化農場所取代。

或許更驚人的是，即使對不是寵物又不太可能像人猿一樣被當成個體的動物使用「who」，顯然也變得更容易接受了。很難將鮪魚罐頭和個體魚隻聯想在一起，更別提把一隻魚想成一個人了。但是作家尚．湯馬遜（Sean Thomason）最近在推特發文寫道：「死掉被放進罐頭來到我的櫃子裡、直到過了保存期限被我丟棄的鮪魚」（the tuna who died...）。

許多社會運動認為語言很重要，因為它反映與強化了必須矯正的不公義。女性主義者提出過證據，理應中性使用的「man」與「he」字眼拿來包含女性，會造成令女性隱形的效果。

有幾個矯正法被提出來，其中最成功的，或許是在「每個人應該收拾他們的行李」（Each person should collect their belongings）這類的情況，使用複數「他們」（they）。用於少數民族與殘障人士的詞彙也受到了挑戰，程度強烈到可能很難搞清楚在這些類別裡該使用哪些詞彙，好符合被指稱者的偏好。

用「who」指稱動物，也屬於語言改革之列。在現今大多數法律體制中，動物如同桌椅一樣是財產。牠們或許受到動物福祉立法的保護，但不足以讓牠們脫離物品的身分，因為古物和自然美景地域也受到保護。英語用法應該改變，以釐清動物基本上比較像我們，而非桌椅、繪畫和山岳。

法律已顯示改變的跡象。一九九二年，瑞士成為第一個在憲法中納入保護動物尊嚴條文的國家；德國在十年後跟進。二〇〇九年，歐盟修正了基本條約，加入新的條文，由於動物是知覺生物，歐盟與各會員國在制定農業、漁業、研發與其他領域的政策時，必須「盡全力關切動物福祉」。

在英文這類含蓄地將動物歸類為物品而非個體的語言中，採取擬人化代名詞將體現同樣的認知，並提醒我們動物的真正本質。

摘自「評論彙編」，二〇一六年二月

# …生命神聖的倫理之外…

# 真正的墮胎悲劇

上個月在多明尼加共和國，有個患白血病的懷孕青少女延後了化療，因為醫師擔心療法可能害她流產，違反該國嚴格的反墮胎法律。醫師、律師和孕婦的家人商議後，化療終究開始了，同時輿論注意力再度聚焦在許多開發中國家墮胎法令的僵固性。

墮胎在已開發國家是媒體密集報導的主題，尤其在美國，共和黨利用反墮胎來團結選民。最近，歐巴馬總統的競選連任活動反擊了。釋出的電視廣告中，一名女子說這是「當女人很恐怖的時代」，因為米特．羅姆尼（Mitt Romney）說過他支持墮胎非法化。

但是發生在開發中國家、占所有墮胎總數八六％的案例，得到的關注就差得多了。雖然非洲與拉丁美洲的多數國家有法律禁止大多數狀況下的墮胎，可惜官方禁令並無法嚇阻高墮胎率。

在非洲，每年每一千名女性共有二十九次墮胎，在拉丁美洲則是每千人三十二次。通常在大多數狀況下都允許墮胎的西歐，比較數據則是十二次。根據最近世衛組織的一份報告，不安全的墮胎每年導致四萬七千名女性死亡，這些死亡幾乎全部發生在開發中國家。另外，每年有五百萬名女性因此受傷，有時候則造成永久性傷害。

世衛組織表示，只要滿足性教育與家庭計畫、避孕方法的需求，提供安全又合法進行的墮胎，還有追蹤照護以預防或治療併發症，這些死傷幾乎都能防止。估計開發中國家有兩億兩千萬婦女表示希望避孕，但是缺少有效的避孕知識或無法取得工具。這對個人和已經很擁擠的地球的未來都是一大悲劇。上個月，英國政府國際開發部與蓋茲基金會舉辦的家庭計畫倫敦高峰會宣布，最遲二〇二〇年，將協助其中的一億兩千萬名婦女。

梵蒂岡報紙的回應卻是批評梅琳達．蓋茲（Melinda Gates）。她不遺餘力，籌組並部分資助這項計畫，可望減少將近三百萬在出生第一年夭折的嬰兒，以及五千萬次墮胎。你八成還以為羅馬天主教會喜歡這些成果呢（蓋茲本人也是天主教徒，見過婦女無力養育小孩或被不安全墮胎傷害的慘況）。

限制合法墮胎導致許多貧窮婦女尋求不安全的墮胎管道。一九九八年，南非應民眾要求將墮胎合法化，讓墮胎相關的死亡數字遽減九一％。加上可在藥房提供的米索前列醇（misoprostol）與美服培酮（mifepristone）兩種藥研發出來，在開發中國家提供了相對安全又便宜的墮胎方式。

反對者會主張墮胎原本就對胎兒不安全，並指出墮胎會殺死獨特、有生命的人類個體。至少，如果我們說的「人類」是指「現代智人物種的一員」，這個說法就很難否認。

我們不能為了迴避胎兒道德地位的倫理問題，只主張女性的「選擇權」，這也是事實。如果胎兒真的和其他人類一樣擁有道德地位，很難主張懷孕婦女的選擇權包括殺死胎兒，除非孕婦面臨生命危險。

反墮胎論點的謬誤在於，從科學上正確、胎兒是有生命個體的說法，轉換到因此胎兒如同其他人類具有同等權利的道德說法。身為人類一員，並不足以賦予權利給形成中的生命。自我意識或理性這些東西，也不能保證胎兒能比母牛之類的動物獲得更大的保護，因為胎兒的精神能力還不如母牛。但是騷擾墮胎診所的「擁護生命」團體很少去騷擾屠宰場。

我們可以公允地主張，我們不該違反具有自我意識、想活下去的生物的意志而去殺生。我們可以視之為侵犯其自主權，或阻撓其偏好。但是為什麼就因為一個生命有潛力獲得理性的自我意識，在它真正擁有理性或自我意識的能力之前，結束它的生命是錯的呢？

我們沒有義務允許有理性潛力的每個生命實現那項潛力。如果有理性潛力、但尚未有意識的生命的理論上利益，與真正具有理性的婦女的重大利益發生衝突，我們永遠應該支持那位婦女。

摘自「評論彙編」，二〇一二年八月十三日

# 治療（或不治療）極小的嬰兒

二月時，報紙大肆報導「奇蹟寶貝」艾美莉亞·泰勒（Amilia Taylor），宣稱她是史上最早產的倖存案例。她孕育僅二十一週又六天就在十月出世，誕生時體重只有兩百八十公克（十盎司）。先前已知不到二十三週的早產兒沒有倖存的案例，所以醫師們不指望艾美莉亞能存活。但她在邁阿密某醫院的新生兒加護病房住了將近四個月，長到體重一千八百克（四磅）之後，醫師判斷她可以回家了。

這起事件裡有相當程度的狂熱。艾美莉亞是試管嬰兒，受孕日期可以精確得知。通常這是不可能發生的，孕育年齡是從母親最後一次月經的第一日起算。因為嬰兒通常在月經週期的中段受孕，所以受孕日期加了大約兩週，艾美莉亞實際上應該視為懷孕第二十三週出生。這樣的嬰兒倖存並不罕見。然而，艾美莉亞肯定是很弱小、很早產的嬰兒（根據某消息來源，她是史上第四小的倖存早產兒）。當然，我們可以為艾美莉亞的父母高興，他們極為盼望的女兒表現出奇地好。但是使用這麼多現代醫療資源去拯救愈來愈小的嬰兒，引起了值得討論的議題。

去年十一月出版的《澳大利亞醫學期刊》（*Medical Journal of*

*Australia*）收錄了一篇文章，雪梨皇家婦女醫院新生兒照護部門的主管呂奇（Kei Lui，音譯）醫師，以及其他幾家醫院的同僚，報導了一個研討會的結果。這個會議共有一百一十二位專業人士參與，都來自澳洲人口最多的新南威爾斯省與坎培拉周圍的澳大利亞首都特區、十處提供最高等級新生兒加護病房的醫院。

研討會參與者不只有相關學科的醫療專家，還有助產士、新生兒護士、父母和社區宣導人士。在考慮任何提案之前，與會者先拿到當地一九九八到二〇〇〇年間二十六週以下早產兒的研究結果。研究顯示，二十三週以下的早產兒無一倖存，二十三到二十五週之間的存活率則從二九％改善到六五％。

倖存者在二到三歲之間接受追蹤檢查。二十三週的出生者之中，三分之二有某種功能障礙，所有在這個孕育年齡接受評估的倖存者，其中三分之一的障礙被評等為「嚴重」。這表示不是嚴重發展遲緩，就是眼盲，或是因為腦性麻痺，即使使用輔具也無法走路。另一方面，在二十五週的出生者中僅三分之一有某種功能障礙，一三％有嚴重功能障礙。顯然，在母親子宮裡多待兩週，對小孩不發生殘障的倖存率有很大的影響。

在這些情境中，醫師與整個社會該怎麼做？他們應該盡全力治療所有兒童嗎？他們應該畫出界線，如二十四週，表明早於這個時間出生的小孩不該治療嗎？不救助二十四週以下的早產兒的政策，能夠為社會省下可觀又很可能無效的醫療費用，以及支持嚴重殘障的倖存兒童的各種需求。但這對難以受孕的夫婦，甚至早產兒代表生小孩最後機會的父母太過嚴苛。艾美莉亞的父母可能就屬於這一類。如果父母理解實情，願意歡迎嚴重殘障的小孩來到他們的家庭，盡力給予小孩愛心與照顧，相對富裕的工業化國家應該乾脆說，「不行，你的小孩太早產了」嗎？

根據這些可能性，研討會沒有試圖設定一個僵硬的界線，而是定義一個可救、可不救的「灰色地帶」，看家長的意願而定。如果二十三週出生的嬰兒父母不想治療他們的小孩，每個參與者都會接受這項要求，有個共識是：雖然積極治療的可能性可以討論，但是不鼓勵。即使是二十五週，如果父母不想要，七二%的參與者不會啟動治療。但是到了二十六週，共識是除非有異常狀況，否則應該救治嬰兒。

在美國，儘管美國小兒科學院（American Academy of Pediatrics）表示，不到二十三週出生、體重低於四百克的嬰兒不被視為足以存活，每條人命都必須盡力救治的主流說法，可能就很難挑戰。與其公開跟父母討論選項，有些醫師會說治療「無用」，而且「無能為力」。其實在這些案例中，積極治療經常能延長壽命，但嚴重殘障的機率很高。這種情況下，說治療「無用」相當於做出道德判斷，認為如此高殘障風險的生命不值得活，或是不值得照父母與社會的要求，費力讓小孩活下來。

其他醫師認為所有人命都是無價，他們有義務盡一切努力救治每個嬰兒，無論這個嬰兒嚴重殘障的機率有多高。

在這兩種情況中，父母都沒有機會參與涉及自己小孩的決策。這或許能解除他們沉重的責任負擔，卻也否決了他們的機會，說出這孩子對他們有多珍貴，他們能否關愛並歡迎嚴重殘障的小孩進入家門。對出生在「灰色地帶」的早產兒來說，生存率不確定又有嚴重殘障的高風險，因此為他們做生死決定時，父母的看法應該在提供延命治療的決策中扮演主要角色。

艾美莉亞倖存下來，拓寬了「灰色地帶」的邊界，但是並沒有消滅界線。我們還不知道嚴重早產的她，是否會產生長期的殘障，但無論如何，其他父母可以理性地決定他們不想冒這個險，或是讓公眾負擔可觀的費用，盡一切努力確保他們的早產兒倖存。

摘自《自由探索》，二〇〇七年六月／七月號

# 揭開新生兒安樂死的簾幕

星期四的《新英格蘭醫學期刊》（*New England Journal of Medicine*）裡，荷蘭格羅寧根大學醫學中心的兩位醫師描述了他們院內醫師的處境——七年間執行了二十二件新生兒安樂死。這些案例都向荷蘭的地檢署申報過，沒有任何醫師被起訴。

愛德華．費爾哈根（Eduard Verhagen）與彼得．索爾（Pieter Sauer）把可能做出安樂死決定的新生兒分成了三類。

第一種是即使運用現存所有的醫療資源延命，還是會在出生後不久死亡的嬰兒。

第二種是需要加護設備，如呼吸器才能維持活命，對於未來的期望可說「非常嚴峻」的嬰兒。這些都是腦部嚴重損傷的嬰兒，就算能活著離開加護病房，生活品質還是會很惡劣。

第三種則包括「診斷絕望」的嬰兒，同時也是「無法忍受的折磨」的受害者。例如，第三類裡有一種「罹患最嚴重脊柱裂的小孩」，意思是脊髓未能形成並適當閉合。而第三類的嬰兒即使住加護病房也沒用。

造成爭議的是第三種，因為他們的生命無法光靠離開加護病房終結。在格羅寧根的大學醫療中心，如果折磨無法解除，也預料無法改善，醫師反而會就這個病例跟父母討論，是否「死亡比活下去更人道」。如果父母同意，醫師團隊（還有另一位跟病患完全無關的獨立醫師）也同意這麼做，就能終結嬰兒的生命。

美國的「擁護生命」團體無疑會說，這只是荷蘭二十年前允許自願安樂死之後持續墮落的另一個例子。但在他們開始譴責格羅寧根的醫師之前，他們應該看看美國的現況。

有一點無可爭議：有嚴重毛病的嬰兒在美國被允許死亡。這些都是屬於費爾哈根與索爾劃分的前兩類嬰兒。其中有些人（第二類）如果持續嚴密地照護，可能活上很多年。然而，美國醫師通常會跟父母商議，決定不送加護病房。無論是否在天主教醫院，這種程序都是公開進行的。

我帶我在普林斯頓的學生拜訪過紐澤西州新布倫斯維克的天主教設施——聖彼得大學醫院。他們擁有最齊全的新生兒加護病房，病房主任馬克・海亞特（Mark Hiatt）醫師描述了一些案例，最後他為罹患嚴重腦傷的嬰兒撤除了照護。

美國和荷蘭的新生兒學家普遍同意，結束有嚴重醫療問題的新生兒的生命，有時候在道德上是可以接受的。連羅馬天主教會也接受未必要一直採用「異常」的生命維持手段，而呼吸器可視為「異常」。

唯一嚴重的爭議是，結束費爾哈根和索爾的第三類嬰兒的生命是否可以接受，也就是不需要仰賴加護病房即可存活的嬰兒。換句話說：爭議已經不是結束不值得活下去的嬰兒生命是否正當，而是可否藉由主動手段終結生命，還是撤除照護即可。

我相信格羅寧根的協議立基於一項穩健的倫理認知：終止生命的手段沒有嬰兒生命應該結束的決定來得重要。如果結束第二類嬰兒生命有時可以接受（幾乎沒人否認這一點），那麼結束第三類嬰兒的生命有時也是可接受的。

還有，基於某些醫師告訴我的意見，我確定第三類嬰兒的生命在美國有時也會被終結，但是因為怕被起訴，從未被報導或公開討論。這表示，判斷這類行動何時才算正當的標準無法被適當辯論，更別說達成共識了。

另一方面，在荷蘭，費爾哈根和索爾寫道：「對新生兒施行安樂死，有申報義務及後續評估的規定，這幫助我們釐清決策的過程。」有很多人會認為荷蘭一家醫院在七年間有二十二例嬰兒安樂死，顯示這個社會比美國不尊重人命。但我會建議他們看看兩國嬰兒夭折率的差異。

中央情報局的《世界概況》（*World Factbook*）顯示，美國的嬰兒夭折率是每千人有六．六三人，荷蘭則是五．一一人。如果美國嬰兒夭折率跟荷蘭一樣低，每年全國會減少六千二百九十六名嬰兒死亡。

以嬰兒夭折率衡量，比起二十二個不幸受苦的嬰兒死亡，在美國建立像荷蘭一樣健全的醫療體系，遠遠更值得重視人命的民眾關注。

摘自《洛杉磯時報》，二〇〇五年三月十一日

## 不是老人病

肺炎經常造成生活品質欠佳、只會持續惡化的老人快速又相對不痛苦的死亡，曾被稱作「老人之友」。現在有一項針對美國麻州波士頓各安養院嚴重失智病患的研究顯示，一般經常用抗生素對抗這個「朋友」。醫師習於用慣例治病是因為他們能治，而非因為這麼做最符合病患的最佳利益？

這項由艾莉卡・達加塔（Erika D'Agata）與蘇珊・米契爾（Susan Mitchell）進行，發表在《內科紀錄》（*Archives of Internal Medicine*）期刊的研究顯示，在十八個月間，安養院裡兩百一十四名嚴重失智的病患有三分之二用抗生素治過病。這些病患平均八十五歲了。在從零分到二十四分的嚴重殘障標準測試中，分數愈低表示愈嚴重，四分之三的病患是零分。他們的口語溝通能力不是沒有，就是微乎其微。

在這種情況下用抗生素能否延命並不明確，即使可以，如果大小便失禁、必須靠人餵食、無法行走、心智能力不可逆地退化，無法講話也認不得子女，有多少人會想要延命呢？

病患的利益應該優先，我懷疑活得更久符合這些病患的利益。此外，無法判明病患意願時，說持續治療符合病患利益是很可疑的，還應該考量家屬觀點、社會成本等其他因素才合理。阿茲海默症患者的醫療成本在二〇〇五年高達九百一十億美元，預期到二〇一〇年會增加到一千六百億美元。相較之下，二〇〇五年美國援外金額僅兩百七十億美元。然而，即使我們只考慮醫療預算，還是有比延長安養院嚴重痴呆老人病患的壽命更優先的花費項目。

達加塔和米契爾指出，這些病患使用這麼多抗生素給社會帶來一種特殊的成本：加深惡化中的細菌抗藥性問題。當失智病患被送到醫院治療急性醫療問題，這些抗藥細菌可能因此散播，對原本會順利康復、正常生活很多年的病患造成致命傷害。

你或許會懷疑，在延長生命、超過對病患本人有益程度的決策中，「所有人命皆神聖」的誤導觀念發揮了一定作用。但針對此事，有些宗教比其他宗教理性。例如羅馬天主教會就主張沒有義務提供與產生效益不成比例，或對病患造成過度負擔的醫護。以我的經驗，許多天主教神學家會接受不用抗生素治療罹患肺炎的嚴重失智老人病患。

也有作法較僵化的宗教。對加拿大溫尼伯的八十四歲老人山繆．哥魯丘克（Samuel Golubchuk）來說，肺炎就無法扮演傳統的友善角色。哥魯丘克幾年前腦部受傷，從此肢體與心智能力受損。當他罹患肺炎入院時，醫師建議不要使用維生系統。但是他的子女說，切斷維生系統會違反東正教猶太人的信仰。他們取得了臨時法院命令，強迫醫師繼續使用維生系統。

自二〇〇七年十一月以來，哥魯丘克的生命由機器維持，管子插進他的喉嚨幫助呼吸，另一根插進胃裡餵食。他不能說話，也不能下床。在我寫這篇文章的二〇〇八年三月，他的案子仍在審理中，何時會宣判還不清楚。

通常，當病患無法主導自己的治療，家屬的意願應該很重要。但是醫師有道德責任依病患的最佳利益行事，家屬的意見不該凌駕其上。所以重大事實之一就是，哥魯丘克還有多少意識。這點有爭議。家屬相信他能跟家人互動，但是真假不明。無論如何，是否想要維持生命，他無法表達任何意見。

對家屬而言，確認他們父親是否有意識可能是把雙面刃，因為那也可能表示讓他活下去是無意義的折磨。允許他安詳去世似乎才符合他的最佳利益，但是那對他的家屬自然不是重點。在他們看來，重點是上帝要求他們怎麼做。

從公共政策觀點看來，哥魯丘克案引發的核心問題是：當家屬意願與醫師認為的病患最佳利益有所衝突，公費營運的健保體系必須做到什麼程度去滿足家屬。家屬能要求公費負擔多少，必須有個限度，因為在痊癒無望的病患身上多花長期照護的費用，就代表花在有望復元的病患身上的費用必須減少。

如果家屬尋求的治療在醫師的專業判斷看來是無用的，沒人規定必須提供昂貴的長期照護。如果哥魯丘克的子女希望父親接上維生系統，如果他們也能證明維持他的生命不會讓他受苦，應該告知他們可以自費安排這類照護。法院不應該命令醫院違反醫療專業人員的判斷，繼續用公費照護哥魯丘克。加拿大納稅人沒有義務為了支持其他同胞的宗教信仰花這麼多錢。

摘自「評論彙編」，二〇〇八年三月十四日

# 當醫師殺人

反對自願安樂死的所有論點中，最具影響力的是「滑坡理論」（slippery slope）：我們一旦允許醫師協助病患自殺，就會無法限制他人殺死已經想要死的人。

即使荷蘭、比利時、盧森堡、瑞士及美國奧勒岡州的醫師協助自殺或自願安樂死合法化多年之後，這種說法還是沒有根據。但最近卡崔娜颶風過後，發生在紐奧良某間醫院的事件的啟示，指向來自另一個源頭的真實危險。

二〇〇五年八月紐奧良淹水時，上漲的水位孤立了一家收容兩百多名病患的社區醫院「紀念醫療中心」。颶風襲擊後三天，醫院還是沒電沒水，馬桶也無法沖水。有些仰賴通風設備的病患於是死去。

在令人窒息的酷暑中，醫師、護士們照顧躺在污穢病床上的倖存病人，壓力龐大。除了焦慮，還要害怕市區的治安崩潰，醫院本身可能成為武裝盜匪的目標。

直升機被召來撤離病患。以健康狀態較佳、能走路的優先。州警上門告訴工作人員，由於治安騷亂，下午五點前所有人必須撤出醫院。

在八樓，七十九歲的癌末婦女珍妮・柏吉斯（Jannie Burgess）吊著嗎啡點滴，即將死亡。為了撤離她，必須抬著她走下六層樓梯，還需要可用在別處的護士陪同。但如果丟下她不顧，她可能從鎮靜中醒來，飽受痛苦。在場醫師之一尤恩・庫克（Ewing Cook）指示護士增加嗎啡劑量，「給她足夠的量，直到去世。」後來，他告訴最近在《紐約時報》撰文回顧這些事件的雪莉・芬克（Sheri Fink），這是「不用考慮的」。

據芬克說，另一位醫師安娜・波（Anna Pou）告訴照護員工，七樓有幾個病患也太老，無法倖存了。她為他們注射嗎啡與另一種減緩呼吸直到去世的藥物。

注射上述致死綜合藥劑的病患，至少有一個看來沒有立即死亡的危險。六十一歲的老人艾默特・艾佛瑞（Emmett Everett）幾年前因為意外事故癱瘓，入院是為了動腸阻塞手術。當他的病房室友被撤離時，他要求大家不要丟下他。

但是他的體重高達三百八十磅（一百七十三公斤），扛他下樓梯、再抬到直升機降落處，極度困難。他被告知他被注射的藥物會幫助解除暈眩感。

一九五七年，一群醫師問庇護十二世教宗，「如果預見施藥會縮短壽命」，用麻醉劑壓抑疼痛與意識是否能被准許。教宗回答可以。在一九八〇年出版的《安樂死宣言》（*Declaration on Euthanasia*）中，教廷重新確認了這個觀點。

梵蒂岡的立場應用了所謂「雙重效應原則」（doctrine of double effect）。某個行為有兩個效果，一好一壞，如果用意是好的效果，而壞的效果只是達成好效果不得不然的後果，那是被允許的。重要的是，教宗的評論和《安樂死宣言》都沒有強調，縮短病患的壽命之前，要盡可能在知情與自願的狀況下取得他們的同意。

根據雙重效應原則，從一切外表跡象看來，兩位醫師可能做同樣的事：也就是，他們可以給相同狀況的病人相同劑量的嗎啡，明知此劑量會縮短病患的壽命。但是其中一位醫師，用意在解除病患痛苦，符合醫學規範，而另一位用意在縮短病患的壽命，算是謀殺。

庫克醫師沒時間考慮這麼細。他告訴芬克，只有「很天真的醫師」會認為給病人很多嗎啡不是「讓他們提早進墳墓」，接著他坦誠地補充：「我們殺了他們。」依庫克的意見，道德與不合法行為的界線「細到幾乎感覺不到」。

在紀念醫療中心，醫師、護士們自認承受很大的壓力。他們幾乎七十二小時沒睡，筋疲力盡，又拚命照顧病患，未處在最適合做困難道德判斷的狀態。正確理解的話，雙重效應原則並無法合理化醫師的行為；但是，如果他們習慣不經同意便縮短病患壽命的行為，似乎與蓄意殺人相去不遠。

羅馬天主教的思想家向來是以「滑坡理論」的觀點，大力反對讓自願安樂死與醫師協助自殺合法化。他們最好能夠檢視一下自己教義帶來的後果。

摘自「評論彙編」，二〇〇九年十一月十三日

# 選擇死法

「今天中午左右，我會結束自己的生命。時候到了。」

把這句話貼上網之後，旅居加拿大的八十五歲紐西蘭人吉莉安・班奈特（Gillian Bennett）開始說明她結束自己生命的決定。班奈特三年前就知道她患了失智症。據她形容，到了八月，失智症已經進展到「我已幾乎失去**自我**」的程度。

「我要脫身。」班奈特寫道：「在我無法再評估自己的狀況，或採取行動、結束自己生命的那天之前。」她的退休哲學教授丈夫強納生・班奈特（Jonathan Bennett）與子女都支持她的決定，但她拒絕讓他們以任何方式協助她自殺，因為這麼做，他們有可能要坐牢十四年。所以她必須趁還有行為能力時採取最後的步驟。

幸好對我們大多數人而言，生命很珍貴。我們想活下去，是因為我們有所期待，或大致上我們認為人生愉快、有趣或刺激。有時候，我們想活下去是因為我們想要達成某些事，或是想要幫助親友。班奈特是個好祖母；如果她安然無恙，她會想要看到下一代長大。

班奈特持續惡化的失智症，剝奪她想活下去的所有理由。所以很難否決她理性又道德的決定。她自殺並沒有放棄她想要或能合理重視的東西。「我失去的只有在醫院裡當植物人，吃光國家的錢、但是一點也不知道自己是誰的歲月，那段時光不知會持續多久。」

班奈特的決定也符合倫理，因為如同提到「國家的錢」所暗示的，她想到的不是只有自己。反對讓自願安樂死或醫師協助自殺合法化的人，有時候會說，如果法律改變，病患會感到壓力，為了避免造成別人負擔而結束自己的生命。

道德哲學家瑪莉．瓦納克（Mary Warnock）女爵於一九八四年主持了英國政府的委員會，提出「瓦納克報告」（Warnock Report），為英國的人工受孕與胚胎研究的開創性法律建立框架。她不認為這是反對讓病患選擇結束自己生命的理由。她提議，為了別人與自己好、覺得應該死亡，並沒有什麼不對。在二〇〇八年發表於蘇格蘭教會雜誌《生活與工作》（*Life and Work*）的訪談中，她支持痛苦難忍的人結束自己生命的權利。「如果某人因為對家人或國家造成負擔而絕對、急迫地想要死去，」她主張：「那我認為他們應該被允許死去。」

因為加拿大的公共醫療服務提供無法自理生活的失智症患者照護，班奈特知道她不會造成家人負擔；然而，她擔心她會對國庫形成負擔。在醫院裡，她可能以植物人狀態再活上十年，她保守估計每年費用大約要五萬到七萬五千美元。

既然班奈特活著並不會有什麼好處，她認為這是浪費。她也擔心必須照顧她的醫護人員：「自認從事一項意義重大的工作的護士們，最後發現自己只是不斷更換我的尿布，或是記錄一具空虛軀殼的生理變化。」照她的說法，這種情況是「荒謬、浪費又不公平」。

有人會反對把嚴重失智症患者描述為一具「空虛的軀殼」。但是我目睹過這種狀況發生在我母親和阿姨身上（兩者都是活潑聰明的女性，最後淪落到臥床，數月或好幾年（以我阿姨的例子）都沒有反應），我認為這是完全正確的描述。失智症演變到一個程度之後，我們認識的人就已經死了。

如果當事人不想那樣子活著，維持住肉體有什麼意義？任何醫療體系的資源都是有限的，應該用在病患想要或病患能受益的照護上。

對於心智喪失後不想活下去的人，決定死期很困難。一九九〇年，罹患阿茲海默症的珍娜．艾德金斯（Janet Adkins）前往密西根州，在傑克．柯佛基安（Jack Kevorkian）醫師的協助下，結束自己生命。事後醫師因此備受批評，因為死亡時她的健康狀況還能夠打網球。但她還是選擇死亡，因為如果拖延，她可能無法控制自己的決定。

班奈特在她流利的陳述中，期待有一天，法律不只能允許醫師根據「生前遺囑」拒用延命治療，也能在病患失能到特定程度時使用致命的劑量。如此改變能夠解除某些失智症持續惡化的病患的焦慮，以免拖延太久，錯失結束自己生命的機會。班奈特建議的立法會讓她這種狀況的人以自己意願活著，但是不會拖太久。

摘自「評論彙編」，二〇一四年九月九日

# 死在法庭上

加拿大人葛蘿莉亞·泰勒（Gloria Taylor）患有肌萎縮性脊髓側索硬化症，又稱路蓋瑞格症（Lou Gehrig's disease，俗稱漸凍症）。幾年之內，她的肌肉會弱化到無法再走路、使用雙手、咀嚼、吞嚥、說話，最後無法呼吸，然後死亡。泰勒不想經歷這一切。她希望在自己選擇的時間死去。

自殺在加拿大不是犯罪，所以照泰勒的說法，「我就是不懂法律為何主張身體健全、但罹患絕症的人受不了折磨時可以舉槍自盡，因為他們可以穩穩握住槍。而我的病影響了行動與控制身體的能力，我就不可以在同情者的協助下採取等同於服毒自盡的行為。」

泰勒認為法律給了她一個殘酷的選擇：不是在她仍有生命樂趣，但有能力自殺時結束生命，就是放棄讓別人在她選擇的時間結束她生命的權利。她告上法院，主張刑法禁止她接受協助自殺的條款，並不符合加拿大的權利與自由憲章；憲章應該保障加拿大人民的生命、自由、人身安全與平等的權利。

法院聽證會讓琳·史密斯（Lynn Smith）法官徹底檢驗她攤在面前

的倫理問題。她聽取了兩方意見領袖的專業意見，不僅有加拿大人，還有澳洲、比利時、荷蘭、紐西蘭、瑞士、英國與美國的權威。專長領域包括一般醫療、安寧照護、神經學、殘障研究、老人病學、精神病學、心理學、法律、哲學與生物倫理學。

這些專家有許多人在法庭上接受交叉詰問。除了泰勒的死亡權之外，幾十年來關於加工自殺的辯論也受到了檢驗。

上個月，史密斯做出了判決。「卡特對加拿大政府」一案可以充當協助自殺的事實、法律與倫理上的教科書範例。

例如，許多辯論是關於明知病患可能會死、仍撤除維生系統或其他治療的可接受行為，以及主動協助病患死亡的爭議性行為之間的差異。史密斯的裁定認為「很難找出明確的倫理界線」，認為沒有這道倫理界線的看法「具有說服力」。她考慮過後，接受了加拿大傑出哲學家韋恩．桑納（Wayne Sumner）提出的論點：如果病患的情況是，病患有能力自殺算是倫理上可允許的，那麼醫師提供讓病患做到的手段也是倫理上可允許的。

史密斯也必須評估是否有公共政策上的顧慮，必須反對醫師協助自殺的合法化。她的決定主要聚焦在老人或殘障人士等弱勢者，可能在受到逼迫、心不甘情不願的情況下接受協助自殺。

自願安樂死在荷蘭以及醫師協助自殺在奧勒岡州合法化，是否導致弱勢者在缺乏全然知情並同意的情況下被殺或協助自殺的案例增加，有許多衝突的見解。許多年來，精神病醫師兼自殺專家赫伯特．漢丁（Herbert Hendin）斷言，這些法律中設定的安全機制並無法保護弱勢者。他在審判中提出了證據。

所以，站在另一邊的荷蘭安養院醫師兼生物倫理學家漢斯．范戴登（Hans van Delden），也提出了證據，他二十年來參與了國內關於生死決定的所有重大實證研究。鑽研協助自殺與安樂死、美國最知名的生物倫理學家佩姬．巴丁（Peggy Battin），也出席作證。

在爭議中，史密斯的結論堅定站在范戴登與巴丁這邊，認為「在兩國轄區收集到的實證證據，並不支持醫師協助自殺會對社會弱勢族群造成特殊風險的假設」。相反地，她說：「證據支持了范戴登醫師的立場，認為國家有可能設計一套體系，既允許某些個人獲得醫師的協助自殺，又能在社會上保護弱勢族群。」（史密斯做出判決後，最近的荷蘭報告發表，證實荷蘭的安樂死案例並未大幅增加。）

考量相關法令後，史密斯宣稱，禁止醫師協助自殺的刑法條文不僅違反殘障人士的平等，還有生命、自由與人身安全等權利。所以她允許任何罹患嚴重絕症、但有行為能力的成人在醫師的協助下自殺，適用條件和醫師協助自殺合法的轄區沒有太大不同。

摘自「評論彙編」，二〇一二年七月十六日

後記：二〇一二年十月，葛蘿莉亞．泰勒安詳去世，無人協助死亡，而是嚴重感染的結果。同時，琳．史密斯法官的決定遭到上訴，最初是卑詩省上訴法院，在二〇一三年以二比一多數決推翻了原先判決。接著，又向加拿大最高法院上訴。二〇一五年二月，最高法院一致裁定，禁止協助自殺違反了加拿大權利與自由憲章，因此違憲。二〇一六年，加拿大國會實施這項判決，讓醫師協助自殺合法化。

# ···生物倫理與公共衛生···

# 人類基因組與基因超市

一項科學發現要由美國總統和英國首相共同宣布，必定非同小可。六月二十六日，人類基因組「草稿」宣告完成，無疑是一項重要的科學里程碑，但是照柯林頓總統的說法，因為這個「人類製造過最美妙的地圖」並未告訴我們基因實際上的作用，後續沒什麼搞頭，至少短期內如此。這彷彿我們學會了怎麼讀外國語文的字母，卻不懂大多數單字的意義。過幾年後，迄今所做的一切，只會被看成前往真正重要目標的墊腳石，也就是瞭解人性的哪些層面由哪些基因控制。然而，達到墊腳石獲得的宣傳可以轉為助力，因為這可能讓我們更願意嚴肅思考，再過一、二十年我們達成未來目標之後，可能發生哪些改變。

當然，官方說法是瞭解人類基因組的一切，能讓我們發現許多重大疾病的來源，用前所未有的方式治好疾病，不像現在只能治療症狀，而是消滅真正的病因：引發疾病或讓它控制我們的基因缺陷。這對某些疾病確實可行。但要是認為關於人類基因組的新知識不會被用於其他方面，就太天真了。

這類知識可能用到哪種用途，從近一、兩年出現在某些美國大學名校學生報紙的廣告，可略見跡象。有人提供五萬美元，徵求在學術能力測驗（SAT）獲得極高分、至少五呎十吋高的女性的卵子。除非是特別無知的富人，否則之所以有人願意提供這筆錢，就是知道人類自然生殖的隨機性意味著，高大聰明的女性有時會生出又矮又笨的小孩。人們願意花多少錢買個方法，靠篩選胚胎消滅遺傳隨機性，確保他們的孩子在遺傳基礎上會有高於平均的智力、身高、運動能力或其他想要的特長？

一旦技術上做得到這樣，就會有呼籲禁止的壓力，認為這會導致優生學復活。但是對大多數父母而言，盡力給小孩最佳的人生起點極度重要。靠著這種欲望，能夠賣掉幾百萬本教父母如何幫助孩子實現潛力的書；讓夫婦們搬到學校較好的郊區，即使日常通勤必須花較多時間；也刺激儲蓄，以備日後能讓小孩上好的大學。選擇「最好的」基因，比起上述技巧，可能更有效地裨益你的小孩。聞名的美式抗拒政府法規，加上基因篩選，可能是達成這個普世目標的有效方法，美國國會不太可能禁止，即使禁了，也不太可能有效。

所以，無論喜不喜歡，我們面對著優生學再度成為議題的未來。然而與先前優生運動不同的是，不會由國家資助，也不會強迫「不適者」絕育，更別說大屠殺了。它反而是靠市場上消費者的選擇，就像在美國發生的許多改變那樣。當然，這比強制優生學容易接受多了，但仍會引發關於我們社會未來的許多疑問。其中最令人困擾的是：那些在基因超市裡出不起錢的人會怎麼樣？他們的小孩會注定平庸嗎？這將是機會平等的偉大美國神話的末日嗎？如果我們不希望這樣，那麼我們最好開始努力思考我們能怎麼辦。

摘自《自由探索》，二〇〇一年冬季號

# 複製人之年？

今年一月，肯塔基大學的繁殖生理學教授帕諾・札佛斯（Panos Zavos）宣布，他將與義大利婦產科醫師塞維利諾・安提諾里（Severino Antinori）搭檔，嘗試在一、兩年內製造出第一個複製人。對那些關注安提諾里職涯的人，應該不會太意外。早在一九九八年十月，安提諾里就說過他想當第一個複製人類的科學家。當時，有相關知識的人都懷疑他言之過早。如今，他們仍然懷疑安提諾里能夠在可見的未來達成這項壯舉。

札佛斯和安提諾里不是目前唯一想要複製人類的人。創辦人宣稱接觸過外星人的雷爾運動教派（the Raelians），也與一對小孩在嬰兒期夭折的美國夫婦合作，幫他們以基因複製失去的孩子。

複製出桃莉羊的羅斯林研究所執行長葛拉姆・布菲爾德（Graeme Bulfield）說過，如果複製人類在他有生之年實現，他「一定會大吃一驚」。他是很有可能吃驚。姑且不論雷爾運動，先聚焦在有生殖醫學的實際文憑的科學家吧。安提諾里有項拓展生殖醫學領域的紀錄。一九九四年，他使用新的生殖科技，協助一位六十二歲婦女成為史上最高齡的產婦。但是嚴格來說，比起複製人類，那是相對簡單的任務。直到伊安・威爾穆特（Ian Wilmut）與同僚們做出了桃莉羊，當時的普遍共識是不可能從成年的哺乳類做出複製品（將某個胚胎分裂的「複製」，等同製造出雙胞胎，可以自然發生，也可以在實驗室製造，但是不同於製造出較成熟人類的基因拷貝品，並不會引起同樣的問題）。

現在我們已知，從成年哺乳類複製是可行的，但問題是，能否有人招募到足夠的自願者直到試驗成功。布菲爾德估計需要四百顆卵子和五十位代理孕母，才能產生一個複製人，更別提大約一億五千萬美元的經費了。無論人力或財力，札佛斯和安提諾里能否募集到這麼多資源，似乎令人懷疑（雷爾教派宣稱他們有五十位志願婦女可以捐卵或當代理孕母，但他們的預算離一億五千萬還差得遠）。

不過，假設有人真的成功製造出複製人小孩？當然，他們會登上媒體頭條，關於這項成就，安提諾里和雷爾教派已經展示過可觀的技術。但是這會傷害任何人嗎？真的會有任何重大事改變嗎？我們將這兩個問題分開來談。

如果人類被複製，誰會受到傷害？最明顯的答案是：被複製出來的人。複製人的健康狀況是很實際的問題。有些跡象顯示，桃莉的細胞在某些方面表現不像四歲的綿羊，倒像十歲綿羊的細胞，那正是桃莉被複製時的年齡。若是如此，比方說，從五十歲成人複製出來的人很不幸會非常短命。目前看來似乎不見得如此，但還有其他顧慮衍生。在夏威夷大學，柳町隆造博士複製老鼠，發現其中某些老鼠即使獲得的食物不比普通老鼠多，卻變得極度肥胖。此外，也偵測到其他異常。在德州農工大學複製的母牛就有心臟與肺臟異常。如果這些問題也可能發生在人身上，進行人類複製就是道德上不負責任的行為。

但是，假設這些恐懼證明沒有根據，而且複製人類可能不會造成較高程度的異常，那麼複製人的生活會明顯比我們其他人差嗎？我猜想，只有受到媒體不斷注意才會。否則舉例來說，當個哀傷父母希望「重造」的去世小孩的複製人，跟當個同卵雙胞胎之一，並沒有太大差別，只是其中一個死了（不過很顯然，父母會對去世小孩抱有異常的思念）。

即使可能有人主張複製小孩會面對心理負擔，這能有多嚴重？如果複製人被禁止，這個小孩根本不會存在，心理負擔會可怕到他或她希望當初禁止複製嗎？這似乎不太可能。如果不會，那麼就不可能主張為了複製小孩著想，複製人應該禁絕。

如果不是為了小孩，那麼假使我們禁止複製，我們會是為了誰？顯然不是為了想要有複製小孩的父母，也不是為了願意幫助他們的科學家。社會需要與複製人隔絕嗎？對，如果我們指的是搖滾巨星或頂尖運動員的複製人大軍。那樣可能讓我們喪失基因多樣性，這確實令人憂心。但如果只有少數人想要複製的小孩，就不會造成這樣的問題。那是最可能的未來情況，何況複製人仍是非常昂貴又複雜的程序，健康異常的風險又比正常生育高。既然在未來很長的一段時間，情況似乎不會改變，我們不必浪費太多心思在如何應付複製人。如果他們能向我們證明他們有能力造出正常人類，就讓他們做吧。較長遠來看，這在二十一世紀對人類社會的狀態不會造成太多改變。

摘自《自由探索》，二〇〇一年夏季號

# 腎臟可以買賣？

上個月被紐約警方指稱，企圖以十六萬美元仲介買賣一顆腎臟的布魯克林商人李維－伊札克．羅森包姆（Levy-Izhak Rosenbaum）被逮捕。碰巧同時間，新加坡通過一條法律，有人認為可能因此打開當地的器官交易市場。

去年，新加坡零售大亨董偉雙因為同意非法購買腎臟被判入獄一天。後來，他得到來自某死刑犯遺體的腎臟——儘管合法，卻比購買腎臟的道德爭議更大，因為這會形成將被控重罪者定罪、處死的誘因。

現在新加坡讓付費給捐獻器官者合法化。檯面上，這些款項只為了補償成本；金額大到構成「不對等誘因」的付費仍被禁止。但怎樣才構成「不對等誘因」，仍是個模糊地帶。

上述兩件事再度引起販賣器官是否該視為犯罪的問題。光在美國，每年就有十萬人尋求器官移植，但僅有兩萬三千人成功。大約六千人在找到器官前就去世了。

在紐約，病患平均要等九年才能獲得一顆腎臟。同時，許多窮人願意以遠低於十六萬美元的價錢賣腎。雖然買賣人體器官幾乎到處都違法，世界衛生組織估計全世界所有的腎臟移植中，約有一〇%是在黑市買來的。

反對器官交易的最常見說法是這會剝削窮人。二〇〇二年針對三百五十名非法販賣腎臟的印度人所做的研究，支持這個觀點。大多數人告訴研究人員他們的動機是還債，但是六年後，其中四分之三的人還是欠債，而且後悔賣掉腎臟。

某些自由市場的鼓吹者，駁斥政府應該替個人決定哪些身體部位可以賣（例如頭髮，還有在美國，精子與卵子也可以）、哪些不能賣的觀點。電視節目《禁忌》（Taboo）報導買賣身體部位時，揭露馬尼拉一名貧民窟居民賣腎，以便購買一輛三輪計程車增加收入。還播出手術後，捐獻者笑容燦爛開著嶄新計程車到處跑的樣子。

應該禁止他做這個決定嗎？該節目也揭露不幸的賣家案例，但是話說回來，房地產市場也有不幸的賣家。

對那些主張器官販賣合法化能幫助窮人的人，器官監察組織（Organ Watch）創辦人南西・薛波－休斯（Nancy Scheper-Hughes）尖銳地回答：「或許我們該尋找更好的方法去幫助窮人而非拆解他們。」我們確實應該，但我們沒有：我們對窮人的協助少得可憐，還有十幾億人活在極度貧窮之中。

在理想的世界裡，沒有窮人，而且會有足夠的利他捐獻者，不會讓人等腎臟等到死去。

捐過腎臟給陌生人的美國人澤爾．克拉文斯基（Zell Kravinsky）指出，捐腎可以拯救人命，而捐腎死亡的風險只有四千分之一。他說，不捐腎就表示你重視自己性命超過陌生人四千倍——他形容這個比例是「罪過」。但我們大多數人仍然有兩顆腎，世界仍然需要更多腎臟，而我們沒幫到的人也一樣貧窮。

我們必須為現實世界而非理想世界制定政策。合法的腎臟市場可以受規範，以確保賣家對後果完整知情，包括對健康的風險嗎？能夠滿足對腎臟的需求嗎？這樣會為賣家創造可接受的結果嗎？

要尋找答案，我們可以參考一個通常不被看作是市場鬆綁或社會實驗領袖的國家：伊朗。從一九八八年起，伊朗就有政府資助與監管的買腎體系。一個病患的慈善組織以固定價格負責安排交易，除了賣家之外，沒人藉此賺錢。

根據二〇〇六年伊朗一群腎臟專家發表的研究，這個體系消滅了伊朗的腎臟等候名單，也不會引起道德問題。二〇〇六年，英國BBC某電視節目播出許多潛在捐獻者被駁回，因為他們不符合嚴格的年齡限制，也有一些人必須先去看心理醫師。

我們仍需對伊朗體系做更系統性的研究。同時，我們會關注新加坡的發展，以及針對羅森包姆指控的結果。

摘自「評論彙編」，二〇〇九年八月十四日

**後記：**羅森包姆認罪，承認出售三顆腎臟。他被判兩年半徒刑，服刑兩年多之後被假釋。付費補償捐贈者成本合法化之後，新加坡的器官捐贈率並未大幅增加。

## 醫療的諸多危機

歐巴馬政府二〇〇九年大都耗在內政上，為了延長幾千萬無健保美國人的健保，進行政治角力。住在其他工業化國家的人認為這很難理解。他們有權享有醫療，連保守派政府都不會想要剝奪這項權利。

某些美國人有醫療改革上的困難，讓我們更加瞭解美國人對政府的敵意超過了普遍的醫療狀況。但是美國的爭議凸顯了一個會在二〇一〇年開始令幾乎所有已開發國家擔心的潛在問題：控制醫療費用的困難。

無論公費或自費，目前醫療大約占全美國支出的六分之一，而且到二〇三五年還會加倍。那比世界上任何國家的比例都高，但是高漲的醫療成本在支出較少的國家也是個問題。

有很多地方是可以省錢的。鼓勵民眾運動、避免吸菸、節制飲酒和少吃紅肉，都有助於降低醫療成本。但是因為已開發的人口老化，照護老人的費用必定會上升。所以我們必須尋找其他省錢方法。

從終點著手是合理的。治療不想活下去的垂死病患是浪費，但只有少數國家允許醫師主動協助尋求死亡的病患。在美國，聯邦醫療保險Medicare大約有二七％預算用在照護臨死一年內的人。其中有一部分花費是希望病患多活幾年，然而，各醫院提供幾萬美元的治療，給沒指望活過一、兩週，經常昏睡或意識不清的病患，也並非罕見。

這類決定的因素之一是：醫師或醫院怕被家屬控告讓他們的親人死掉。因此，臨死的病患被違反醫師專業判斷的醫療救活，因為他們沒有事先表明在這種情況下不想被救活。

醫師及醫院的收費體制，是另一個提供對病患沒什麼幫助的昂貴治療的因素。猶他州和愛達荷州的連鎖醫院山際健康照護聯盟（Intermountain Healthcare）改善早產兒的治療後，縮短了他們住在加護病房的時間，因而節省了治療費用。但因為醫院是按照提供的每項服務收費，改善照顧就表示嬰兒需要較少服務，這項改變讓連鎖醫院每年少賺了三十二萬九千美元。

即使去除這類不當誘因，控制成本仍必須面對更艱難的問題，例如新藥的費用。一種藥的研發費用動輒花上八億美元，我們預期會更常見到用活細胞製造的生技藥品（biopharmaceuticals），這種新藥成本更加高昂。

研發成本必須轉嫁到藥價上，當藥品只能裨益相對少量的病患，可能會額外昂貴。例如高雪氏症（Gaucher's disease）是一種造成殘障的罕見基因缺陷，遇到較嚴重的病況，病患通常在童年就會死亡。現在有了稱作雪瑞素（Cerezyme）的藥物，這種病的患者可以過幾乎正常的生活，但是每年費用要十七萬五千美元。

新的醫療器材同樣造成棘手的兩難情況。人工心臟又稱左心室輔助器（LVAD），一向用在心臟移植手術時維持患者生命。但是可移植的心臟短缺，在美國，已經把植入左心室輔助器作為心臟衰竭的長期療法，如同洗腎機取代了腎臟。

據艾默里大學的馬諾．詹恩（Manoj Jain）估計，每年有二十萬名美國病患可以靠左心室輔助器多活一陣子，費用是每人二十萬美元，共四百億美元。這在官方統計有三千九百萬人活在貧窮線下、四口之家賺不到兩萬兩千美元的國家，是資源的合理用法嗎？

在提供公民免費醫療的國家，要官員告訴人民，政府不會付錢買唯一能救他們性命或小孩性命的藥物或器材，尤其困難。但是當局遲早要面臨必須這麼說的時刻。

沒人喜歡拿金錢衡量人命，但事實是我們已經隱晦地這麼做了，因為我們無法提供開發中國家的組織足夠的支援。GiveWell 評估拯救窮人生命的各國組織，指出其中有幾個花不到五千美元就能拯救一條命。

世界衛生組織估計它在開發中國家的疫苗接種計畫，每拯救一條人命大約要花三百美元，這些人不只多活一年，通常是終生免疫。同樣地，世界銀行的疾病控制優先報告告訴我們，由終止結核夥伴聯盟（Stop TB Partnership）推廣、在開發中國家治療肺結核的計畫，以五到五十美元的費用就能讓病患多活一年。

明知如此，卻花費二十萬美元讓富裕國家的一個病患相對短暫地苟活，就不只是財務上可疑了。這是道德上的謬誤。

摘自「評論彙編」，二〇〇九年十二月七日

# 公共衛生對抗個人自由？

上個月出現了一個相反的判決，一處美國上訴法院駁回了聯邦食品藥物管理局有關香菸必須附有圖像警語整包出售的規定，而澳洲的最高法院則維護更進一步的嚴格法令。澳洲法律規定，不只要有健康警語和吸菸導致身體損害的圖像，包裝本身還要低調，品牌名稱得用小字印刷，不准放商標，也不准使用橄欖綠褐色以外的顏色。

美國的判決是根據美國憲法保護言論自由的精神。法院接受政府可以規定符合事實的健康警語，但是在分開的判決中，大多數法官表示不能做到規定放圖像的程度。而在澳洲，問題在於法律是否造成了無法彌補的剝奪（在此案例中，是指菸商品牌的智慧財產權）。高等法院的判決是沒有。

然而，這些差異之下隱藏著更大的問題：誰來決定公共衛生與表達自由之間適當的平衡？在美國，法院做決定時，基本上靠解讀有兩百二十五年歷史的憲法文本，如果那樣使得政府無法採取某些可能減少香菸致死人數（目前估計每年有四十四萬三千名美國人）的技巧，那也沒辦法。在澳洲，表達的自由並無明確的憲法保障，法院很可能尊重民選政府制衡的權利。

普遍的共識是，政府至少應該禁止某些危險產品的販賣。無數食品添加物不是禁用，就是允許限定的數量。例如有些兒童玩具塗料攝取後可能造成傷害，已明確禁用。紐約市禁止餐廳使用反式脂肪，現在則是限制含糖飲料的分量。許多國家禁止販賣不安全的玩具，缺乏安全護具的電鋸也是。

雖然禁止各種不同的危險產品常有爭議，但香菸比較特殊，因為不管合法、非法，沒有其他產品能害死這麼多人，遠超過交通事故、瘧疾和愛滋病的總和。香菸也很容易上癮。此外，在所有人分攤醫療費用的國家，包括窮人和老人有公營健保的美國，每個人都負擔了治療香菸導致的疾病費用。

是否全面禁止香菸是另一個問題，因為這麼做，無疑會創造犯罪組織的新財源。然而，主張國家原則上可以禁止販賣某樣產品，卻不能准許它只帶著造成人體健康傷害的圖像出售，似乎很奇怪。

菸草業目前打算將反抗澳洲新法律的戰役帶進世界貿易組織。業界害怕像印度與中國等更龐大的市場可能仿效這種法律。畢竟，那是最需要如此立法的國家。

其實，只有大約一五%的澳洲人和二〇%的美國人抽菸，但最近在《刺胳針》（*The*

*Lancet*）期刊發表、一項涵蓋十四個中低收入國家的調查中，平均四一％男性抽菸，愈來愈多年輕女性加入抽菸的行列。世界衛生組織估計，在二十世紀大約有一億人死於抽菸，但是抽菸在二十一世紀會害死高達十億人。

國家促進國民健康可以做到什麼程度，這樣的討論經常以約翰・史都華・彌爾（John Stuart Mill，十九世紀英國哲學家）限制國家防止傷害他人行為的強制權原則開始。如果能幫助民眾瞭解他們所做的選擇，彌爾應該可以接受香菸包裝上的健康警語規定，甚至肺部疾病的圖像照片；但他會拒絕全面禁止。

然而，彌爾對個人自由的維護是假設個人是自身利益的最佳判斷者與守護者，這在現今是近似天真的觀念。現代廣告技巧的發展，造成彌爾的時代和現今有個重要的差別。企業已經學會如何迎合潛意識對地位、魅力與社交接納的欲望，賣給我們不健康的產品。結果，我們不知不覺間莫名其妙地被產品吸引。菸商也學會如何操縱自家產品的特性，讓它最容易上癮。

吸菸造成的損害圖像可以制衡這些迎合潛意識的力量，因而促進更慎重的決策過程，讓民眾更容易堅持戒菸的決心。大企業完全無意訴諸我們推理與反省的能力，因此，與其以限制自由拒絕這類法律，我們應該捍衛這類法律，讓個人與大企業之間公平競爭。規定香菸以低調包裝加上警語圖像出售，才是符合我們內心理性、機會平等的立法。

摘自「評論彙編」，二〇一二年九月六日

# 體重高，多付錢

我們愈來愈胖了。在澳洲、美國與許多其他國家，看到胖得只能蹣跚前進而非走路的人已是司空見慣。富裕國家的肥胖率增高較快，但在中等與貧窮國家也有同樣的情形。一個人的體重是他或她的私事嗎？我們就是應該更加接納多樣化的體型嗎？我不以為然。肥胖是個道德問題，因為讓自己體重增加，會造成別人的負擔。

我是在機場寫這篇文章。有個嬌小的亞裔婦女剛剛託運了大約四十公斤的行李箱和紙箱。她付了行李超重的額外費用。另一個男性乘客至少比她重四十公斤，但行李沒有超重，不用多付錢。不過對噴射引擎而言，無論是行李還是身體脂肪，重量都是一樣的。

澳航的前任首席經濟學家東尼．韋伯（Tony Webber）曾經指出，從二○○○年以來澳航搭載的成人乘客，平均體重增加了兩公斤。對於從雪梨飛到倫敦的空中巴士 A380 這種大型現代客機而言，表示要燒掉四百七十二美元的額外燃料，如果公司這條航線每天雙向飛三次，一整年下來會累積達百萬美元的燃料，或者以目前的獲利率來看，大約相當於經營這條航線一三%的利潤。

韋伯建議各航空公司設定一個乘客的標準體重，例如七十五公斤。如果乘客體重達一百公斤，就得收取額外燃料成本的附加費。超重二十五公斤的乘客，在雪梨倫敦航線的機票上，附加費將是二十九澳幣。體重僅五十公斤的乘客會得到同樣金額的折扣。另一個方式就是設定乘客加行李的標準，然後請大家帶著行李上磅秤。那樣對於不希望透露體重的人就能避免尷尬。

跟我討論這項提案的朋友們常說，許多胖子是不得已變胖的，他們的新陳代謝與我們其他人不同。但是為重量收費的重點不是懲罰罪過，無論費用是附加在你的行李或體重上。這是向你收取把你載到目的地的實際成本，而不是讓其他同機乘客分攤。搭飛機跟，比方說，醫療不同。這不屬於基本人權。

噴射燃料用量增加不只是成本的問題；這也代表排放更多的溫室氣體，因而加深全球暖化的問題。這是我們公民同胞的體型如何影響所有人的一個小例子。當人們愈來愈龐大笨重，很少人坐得進巴士或火車的座位，增加了公共運輸的成本。現在各醫院也必須訂製更堅固的病床與手術台，建造特大號廁所，甚至為太平間訂製特大號冰櫃，這都讓成本增加。但是超重更明顯的成本是導致醫療需求增加。去年精算師學會估計在美國與加拿大，過胖或肥胖的民眾造成一千兩百七十億美元的額外醫療費用。這意味著，納稅人與購買民營健保者每年要多付幾百美元的醫療費用。同一份研究也顯示，無論還在工作或因為肥胖根本無法工作的人，失去生產力的成本高達一千一百五十億美元。

這些事實就足以合理化不鼓勵體重增加的公共政策。對特別容易造成肥胖的食物，尤其像含糖飲料這種沒有營養價值的飲食課稅，會有幫助。得到的稅收可以用來彌補肥胖者施加在別人身上的額外負擔。如果這些飲食愈來愈貴，對購買者也會形成一個反誘因，藉此幫助有肥胖風險的人，因為肥胖是僅次於吸菸的第二大可預防死因。

我們許多人關注地球能否支撐超過七十億的人口，這很正確。但我們想到人口時，不該只看數量，還要看這些人口造成的產物與平均體重。如果我們珍惜可永續的人類福祉與地球的自然環境，「我的體重是我的私事」就有失真確了。

摘自「評論彙編」，二〇一二年三月十二日

# 我們該活到一千歲嗎？

醫療與生物科技的研究應該專注在哪些問題上？有個強烈主張是對付那些殺死最多人的疾病，像是瘧疾、麻疹與痢疾在開發中國家造成數百萬人死亡，但在已開發國家則非常少。

然而，已開發國家的研究資金投入最多的是本國公民罹患的疾病，在可見的未來也可能繼續如此。鑒於如此限制，哪項醫學突破最能改善我們的生活呢？

如果你的第一個念頭是「癌症療法」或「心臟病療法」，請再想想。SENS基金會（Strategies for Engineered Negligible Senescence Research Foundation，控制微小老化策略基金會）首席科學長與世界最知名的抗老化研究鼓吹者奧伯瑞・迪葛雷（Aubrey de Grey）主張，把我們大多數的醫療資源花在設法對抗老人疾病而非老化本身，實在沒道理。如果我們治好某種疾病，可以預見原本會死於這個疾病的人，幾年內也會死於其他疾病。所以效益甚小。

在已開發國家，老化是九成死亡的終極原因；因此，治療老化對所有的老年疾病來說，是某種形式的預防醫療。此外，早在老化導致我們死亡之前，老化就降低了我們享受人生、對他人生活做出正面貢獻的能力。所以，與其瞄準人們到達一定年齡後很可能發生的特定疾病，嘗試阻止或修補老化過程對我們身體造成的傷害，不是更好的策略嗎？

迪葛雷認為在這個領域，未來十年，即使些微的進步都能讓人類壽命大幅延長。我們只需要達到他所謂的「長壽逃脫速度」，意思是，我們能延長生命夠久，爭取後續的科學進步，再度延長壽命所需的時間，以此不斷循環。最近，迪葛雷在普林斯頓大學演講時說：「我們不知道第一個活到一百五十歲的人現在是多大年紀，但是第一個活到一千歲的人，幾乎確定只比他年輕不到二十歲。」

這個展望最吸引迪葛雷的不是長生不死，而是隨著某個程度上控制老化的過程，得以延長健康年輕的人生。在已開發國家，讓年輕人或中年人維持久一點的青春，會舒緩迫近的人口老化問題——目前有史無前例的人口比例達到老年，可想而知會變得依賴年輕人。

另一方面，我們仍必須提出這個倫理問題：我們尋求如此大幅延長壽命，算是自私嗎？還有如果成功了，後果會是有人受益、但有人受害嗎？

富裕國家的人民已經可以預期比最貧窮國家多活約三十年。如果我們發現如何延緩老化，在這個世界裡，或許當富裕的少數只活了十分之一的預期壽命時，貧窮的大多數就必須面對死亡。

這種不對稱，正是認為克服老化會增添世界上已累積的不公不義的理由之一。另一個理由是，如果人類持續出生，而其他人不死，地球人口會以更快的速度增加，讓某些人的生活比現狀惡劣得多。

我們能否克服這些反對意見，取決於我們對未來科技與經濟進展的樂觀程度。迪葛雷對第一種反論的回應是，抗老化治療雖然一開始可能很昂貴，但如同許多其他創新，從電腦到愛滋病預防性投藥，價錢可能會下跌。如果世人能繼續發展經濟與科技，民眾會變富裕，而且長期來說，抗老化治療會造福每個人。那何不從現在開始把它當作優先事務？

至於第二種反論，與大多數人的假設相反，成功克服老化本身就能給我們喘息的空間去找到人口問題的對策，因為它也會延遲或消滅停經，讓女性更晚生下頭一胎。如果經濟持續發展，開發中國家的生育率會下降，如同已開發國家的先例。到頭來，科技也可能有助於克服人口反論，提供不會增加我們碳足跡的新能源。

人口反論引發一個更深刻的哲學問題。如果地球支持人類生活的能力有限，是較少人活得較久，還是較多人活得較短比較好？認為較少人活得較久比較好的理由之一是，只有已出生的人知道死亡會剝奪他們什麼；不存在的人無法知道他們錯過了什麼。

迪葛雷成立SENS基金會，以促進抗老化研究。以大多數標準而言，他的募款成果算是成功，因為現在基金會的年度預算約有四百萬美元。但以醫療研究基金會的標準來說，仍然少得可憐。迪葛雷或許錯了，但如果他仍有那麼一點正確的機會，巨大的回報會讓抗老化研究比目前資金充裕的醫學研究領域更有利可圖。

摘自「評論彙編」，二〇一二年十二月十日

# 人口與教宗

上個月方濟各教宗從菲律賓返回羅馬時，他告訴記者有位婦女剖腹生過七個小孩，現在又懷孕了。他說，這是在「考驗上帝」。他問她是否想要留下七個孤兒。他又說，天主教徒已經可以採用各種節育方式，應該奉行「負責任的生育」，而非「像兔子一樣」猛生。

方濟各的「兔子」評論在媒體廣受報導，但是很少人報導他也說過的，外界機構不該把他們對節育的觀點強加於開發中國家。他堅稱，「每個國家的人民」都應該維持自我認同，不「被意識形態殖民」。

這句話的反諷在於，人口超過一億人的菲律賓這個國家，有五分之四是羅馬天主教徒，教廷向來正是意識形態的殖民者。畢竟，是教廷積極尋求將它反對節育，甚至反對政府提供避孕器材的態度，強加到鄉下窮人身上。

同時，各項調查一再顯示，大多數菲律賓人都希望有避孕器材。這並不意外，因為方濟各提到的教會許可的避孕方法，都沒有現代的替代方式來得可靠。如果菲律賓當初是被清教徒英國而非天主教西班牙殖民，很難相信現在使用避孕器材會有爭議。

不過，方濟各引發的更大問題是，由外界機構在開發中國家推廣節育是否正當。有幾個理由能說明為何正當。首先，姑且不論節育算不算一種權利的「意識形態」問題，有壓倒性的證據顯示，缺乏避孕工具對女性健康有害。

經常懷孕，尤其在普遍缺乏現代化醫療的國家，跟母親的高死亡率相關。外界機構的援助，可以幫助開發中國家減少婦女早死的案例，肯定不是「意識形態殖民」。

其次，當分娩的間隔較長，小孩在肢體與教育成就兩方面都有較好的表現。我們應該都同意，援救組織促進開發中國家孩童的健康與教育是好事。

然而，推廣節育較廣泛、較具爭議性的理由是，讓所有想要節育的人得償所願，符合全世界七十億人以及未來世代的利益。未來若無災難，人類應該還能在地球住上千千萬萬年。在此，必須聚焦在氣候變遷與節育之間的關係。

關於氣候變遷的重點事實，眾所周知。我們地球的大氣層已經吸收了人類產生的大量溫室氣體，全球暖化正在進行中，極端熱浪、乾旱與洪水都比以往更劇烈。北極海的冰層在融解，上升的海平面極可能淹沒好幾個國家位於低地的人口稠密海岸區。如果降雨模式改變，好幾億人可能淪為氣候難民。

此外，相關領域中占壓倒性大多數的科學家認為，全球暖化將達到一個程度，屆時反作用機制啟動，氣候變遷將變得失控，後果無法預料，而且可能是大災難。

經常有人指出是富裕國家造成這個問題，因為他們兩百年來排放較多的溫室氣體。他們的人均排放量一直是最高的，然而，降低排放量對他們來說也最不辛苦。倫理上毋庸置疑，世界上的已開發國家應該帶頭減少排放。

然而較少提到的是，不論富裕國家被說服減少多少排放量，只要全球人口持續增加，減少排放的效果會被削弱到什麼程度。

影響排放程度的因素有四個：人均經濟產出；用來製造每單位經濟產出所需的能源量；每單位能源排放的溫室氣體；以及總人口數。前三個因素的減少會被第四者的增加抵銷。氣候變遷跨政府委員會在二〇一四年《第五次評估報告》的「給決策者摘要」中陳述，以全球而言，經濟與人口的成長持續是燃燒化石燃料造成二氧化碳排放增加的「最重要驅動者」。

根據世衛組織的說法，開發中國家估計有兩億兩千兩百萬婦女不想要現在生小孩，但缺乏確保不會懷孕的方法。提供避孕工具會幫助她們照自己的意願規畫生活，降低墮胎需求，減少母親死亡，給小孩的人生一個更好的起點，而且有助於減緩人口成長與溫室氣體排放，因而裨益所有人。

誰能反對這麼明顯的雙贏主張呢？我們不禁懷疑，唯一說不的是那些陷入宗教意識形態又想要將之強加在別人身上的人，無論現在與未來幾百年，那對婦女、小孩與全世界會有何後果。

摘自「評論彙編」，二〇一五年二月十一日

# •••性愛與性別•••

# 成年手足亂倫應該算犯罪嗎？

上個月，德國國會下轄的法定實體德國倫理委員會建議，成年兄弟姊妹之間的性交應該除罪化。這項建議的前因是，二〇一二年歐洲人權法庭判定一名與姊妹發生性關係的萊比錫男子有罪。此人因為拒絕斷絕這段關係坐了幾年牢（他的姊妹被判責任較輕，沒有入獄）。

成人之間的亂倫在所有國家都不算犯罪。在法國，拿破崙於一八一〇年引進新法典時就已除罪。合意的成人亂倫在比利時、荷蘭、葡萄牙、西班牙、俄羅斯、中國、日本、南韓、土耳其、象牙海岸、巴西、阿根廷及中南美洲其餘幾個國家，也不算犯罪。

倫理委員會很認真地做了調查。其報告書（目前只有德文版）開頭收集了發生禁忌關係者的證詞，尤其是非同父同母、成年後才認識的手足。這些男女描述他們的關係有罪責造成的困難，包括被人勒索與可能喪失先前婚姻所生小孩的監護權。

報告書中並未嘗試提供手足合意性關係在倫理上的明確評估。相反地，它問到刑法禁止這種關係，是否有妥適的基礎。報告指出，能夠自主判斷的成人之間自願的性關係，在其他狀況下都沒有被禁止。報告書主張，因為涉及侵入私生活的核心領域，有必要提出明確、令人信服的理由。

報告中檢視宣稱已經提出充分理由的根據。小孩基因異常的風險就是理由之一；但即使這個理由夠充分，也只能合理化比目前的亂倫禁令更狹隘也更廣泛的禁令。

禁令會更狹隘，因為只適用於可能生小孩的情況：那名案情引發關注的萊比錫男子在二〇〇四年做了結紮手術，但並不影響他的刑責。而且避免基因異常的目標，也會合理化更廣泛的禁令，擴及所有極可能生下異常後代的男女的性關係。鑒於德國的納粹歷史，現代德國很難避免讓此目標變成允許國家決定誰才可以生育。

委員會也考慮了保護家庭關係的需要。報告中記載，很少家庭受到手足亂倫的威脅，不是因為這算犯罪，而是因為在家庭或類家庭環境中被一起養大（包括集體撫養無親戚關係小孩的以色列集體社區），通常會弱化異性吸引力。所以手足亂倫是很罕見的。

然而，報告中承認了保護家庭這個目標的合法性，並藉此限制它所建議的成人手足性關係範圍。報告書主張，其他近親間的性關係，如父母與成年子女，則屬不同類型，因為世代之間有不同的權力關係，比較可能傷害其他的家庭關係。

反亂倫的禁忌根深柢固。社會心理學家強納生．海特（Jonathan Haidt）在一項實驗中，告知實驗對象關於茱莉與馬克的案例。這對成年手足一起度假，決定性交看看是什麼感受。在故事中，茱莉已經在吃避孕藥，但馬克也使用保險套以防萬一。他們都喜歡這次體驗，但決定不再嘗試。這永遠是個讓他們關係更緊密的祕密。

然後，海特問受測者茱莉與馬克可不可以性交。大多數人說不可以，但是當海特問他們理由，提出的都是劇情已排除的因素，例如近親繁殖的危險，或兩人關係受損的風險。海特向受測者指出他們提供的理由並不適用此案之後，他們經常回答：「我無法解釋，反正那樣就是不對。」海特稱之為「道德錯愕」。

或許並非巧合，德國總理梅克爾所屬的基民黨發言人被問到對倫理委員會的建議有何評論，她的回應也完全搞錯重點，指向保護兒童的必要。然而，報告書中完全沒提到涉及兒童的亂倫，有些被刑法逮到的人小時候根本互不認識。

在亂倫禁忌的案子，我們的回應明顯可用演化理論來解釋。我們產生的厭惡感，對缺乏有效避孕工具的祖先來說，能強化他們的演化適應力，但是我們應該讓這股厭惡感決定關於何謂犯罪的判斷嗎？

即使是討論這個問題都很有爭議性。在波蘭，克拉科夫的亞捷隆大學哲學教授楊·哈特曼（Jan Hartman），在網路上貼了一篇介紹德國倫理委員會觀點的評論。校方當局形容哈特曼的聲明「傷害了大學教師的職業尊嚴」，並將此事移送獎懲委員會議處。

一所知名大學這麼快就忘了教育職業的尊嚴包含了言論自由，似乎是向本能屈服了。這對成人手足亂倫是否該繼續科以刑罰的理性辯論不是好兆頭。

摘自「評論彙編」，二〇一四年十月八日

**後記**：德國政府並未按照倫理委員會的建議行動。而哈特曼教授被大學的獎懲委員審問了兩次，但在他提供證據，支持自己的論點中僅包含事實陳述之後，流程就終止了。

# 同性戀並非不道德

近幾年，荷蘭、比利時、加拿大與西班牙都承認了同性婚姻。其他幾個國家承認民事結合（civil unions，由法律，即民法，所確立並保護的等同或類似婚姻的結合關係），也有類似的法律效力。更多數的國家在住宅與就業等領域，也有針對個人性傾向的反歧視法律。然而，在世界最大的民主國家印度，兩男之間的性行為依法仍是有刑責的犯罪，最重可處無期徒刑。

當然，印度並非唯一對同性戀保留重刑的國家。在某些伊斯蘭國家，如阿富汗、伊朗、伊拉克、沙烏地阿拉伯與葉門，肛交是最重可處死刑的犯罪。但是比起印度這樣的世俗化民主國家，把宗教教條納入刑法的國家保留這種法律比較容易理解，無論其他多少人可能覺得遺憾。

去過印度，看過當地常見、呈現露骨性愛的寺廟雕刻的人都會理解，印度教傳統對性愛的態度沒有基督教拘謹。印度禁止同性戀可追溯到一八六一年英國統治時期，把維多利亞式的道德強加在這個國度。所以諷刺的是，英國早就廢除自己的類似禁令，印度卻仍保留殖民遺留的法律。

幸好，印度並未強力執行禁止肛交的法令，但仍提供一個勒索與騷擾同性戀者的根據，讓教育民眾何謂HIV與愛滋病的團體在推行工作時更加困難。《合適的男孩》（*A Suitable Boy*）和另外幾本優良小說的作者維克蘭．賽斯（Vikram Seth），最近發表了一封給印度政府的公開信，呼籲廢除同性戀入罪的法律。許多印度名人連署了這封信，包括諾貝爾獎得主阿馬蒂亞．森（Amartya Sen）等其他人士也表達了支持。挑戰該法律的訴訟，目前正在德里高等法院審理中。

大約在印度的肛交禁令生效的同時，約翰．史都華．彌爾正在寫他的名作《論自由》（*On Liberty*），他在文中提出了下列的原則：

> ……權力能違背文明社會任何公民的意願、仍正當行使的唯一目標，是防止對他人的傷害。他個人的利益，無論是人身或道德上，都非充分的理由……以自己，以及自己的身體與心靈來說，個人是獨立自主的。

彌爾的原則並未被普遍接受。傑出的二十世紀英國法律哲學家哈特（H.L.A. Hart）主張彌爾原則的局部版本。彌爾說，個人的利益，「無論是人身或道德上」，「都非充分的理由」，允許國家的干預。哈特則說，如果個人可能忽視自己的最佳利益，而且對自由僅有輕微的干預，那麼個人的人身利益算是充分的理由。例如，國家可以規定我們開車時繫安全帶，或騎機車時戴安全帽。

但是哈特明確地劃分這種法律家長主義跟法律泛道德化。他拒絕基於道德，對不會導致人身傷害的行為實施禁令。在他看來，國家不可因為不道德就把同性戀入罪。

這個論點的問題在於很難搞懂為何法律家長主義可以合理化，但是法律泛道德化不行。支持明確劃分兩者的人，經常宣稱國家應該在各種對立的道德觀念之間保持中立，但有可能做到這種中立嗎？如果我支持法律泛道德化，我會主張法律終究是一種被普遍接受的道德判斷，例如騎著車讓我的頭髮隨風飛舞的價值，比不過萬一撞車頭部受傷的風險。

對同性戀禁令較強烈的反論是否定其核心主旨：同性成人之間的合意性行為不道德。有時候宣稱同性戀不對的說法是因為「不自然」，甚至是「我們性能力的濫用」，性能力存在之目的理應是繁衍後代。但我們也可以說，使用人造糖精是「我們味覺的濫用」，味覺存在之目的是讓我們偵測營養的食物。我們應該注意到自己是不是把「自然」跟「好」畫上了等號。

同性戀行為無法生殖，就表示不道德嗎？在印度這種人口稠密、鼓勵避孕與絕育的國家，對肛交下禁令是個特別奇怪的立場。如果某種性行為對參與者帶來滿足，也不傷害任何人，還有什麼不道德呢？

所以，禁止同性戀行為的潛藏問題，不是國家利用法律強推私人道德，而是法律立基於同性戀不道德的錯誤觀點。

摘自「評論彙編」，二〇〇六年十月十六日

# 虛擬罪惡

在叫作「第二人生」的流行網路角色扮演遊戲中，玩家可以為自己創造一個虛擬身分，選擇年齡、性別與外貌等特徵。然後，這些虛擬角色做些大家在現實世界做的事，例如性愛。視偏好而定，你可以跟差距很多歲，比你老或年輕的人上床。其實，你的虛擬角色若是成人，你可以跟小孩子的虛擬角色性交。

如果你在現實世界這麼做，大多數人會同意你犯了嚴重的錯誤。但是跟虛擬小孩虛擬性交也是嚴重錯誤嗎？

有些「第二人生」的玩家認為是，還宣稱要踢爆那些人。同時，遊戲製造商 Linden Labs 表示他們會調整遊戲，防止虛擬的孩童角色發生性行為。一群德國檢察官也插手了，不過，他們的顧慮似乎是有心人利用遊戲散播兒童色情，而非玩家是否跟虛擬小孩虛擬性交。

其他國家的反兒童色情法律可能也有禁止在電玩中與虛擬兒童虛擬性交的效力。在澳洲，維多利亞省法律研究所的刑法部門主任康納．奧布萊恩（Connor O'Brien），最近告訴墨爾本的《時代報》（*The Age*），他認為「第二人生」的發行廠商可能因為出版兒童性行為影像被起訴。

法律保護兒童免於因性目的被剝削，是站得住腳的。但是干預成年人之間合意性行為，在道德上就變得可疑了。許多有想法的人認為，成人選擇在臥室裡幹什麼是他們的私事，國家不應該窺探。

如果你的成人伴侶在性行為之前扮成學童能令你興奮，他或她也樂意參與這個性幻想，你們的行為或許令大多數人厭惡，但只要是私下做，很少人會認為你是個罪犯。

如果你邀幾個成年朋友上門，在自宅的私密空間中，他們都選擇參與一個同類的大規模性幻想，也不該有任何差別。同樣地，假設只涉及合意的成年人，透過網路連結的電腦進行，跟這種群體性幻想有那麼不同嗎？

當某人提議把某件事入罪，我們永遠應該問：誰受害了？如果能證明跟虛擬孩童進行虛擬性愛，以實踐性幻想的機會，讓民眾更可能參與真實的戀童癖，然後會有真實的孩童受害，禁止虛擬戀童癖的立場會比較正當一些。

但是如此檢視上述爭議，也引發另一個或許更重要、關於虛擬行為的問題：電玩暴力。

玩暴力電玩的人經常是容易受影響的年齡。流行暴力電玩「毀滅戰士」（Doom）是科倫拜高中槍擊案的青少年凶手艾瑞克・哈里斯（Eric Harris）與狄倫・克雷波（Dylan Klebold）的最愛。他們在大屠殺前拍攝、令人膽寒的影片中，哈里斯說：「一定會像他媽的毀滅戰士一樣……這把該死的散彈槍〔親吻他的槍枝〕是遊戲裡出現過的！」

暴力電玩的熱愛者變成凶手，還有其他案例，但是無法證明有因果關係。然而，更該注意的是，實驗室與田野針對這類遊戲效應所做的科學研究的成長數量。在《暴力電玩對兒童與成人的效應》（*Violent Video Game Effects on Children and Adults*）中，愛荷華州立大學心理學系的克瑞格・安德遜（Craig Anderson）、道格拉斯・堅泰爾（Douglas Gentile）與凱薩琳・巴克萊（Katherine Buckley）收集這些研究，主張暴力電玩會增加攻擊行為。

如果以刑事起訴來對付暴力電玩的手段太過粗魯，那麼就應該賠償暴力電玩玩家所犯暴力案件的被害人或被害人家屬。迄今，這類訴訟都被駁回，至少部分理由是，製造商無法預見他們的產品會讓人犯罪。然而，安德遜、堅泰爾和巴克萊提供的證據，削弱了這種辯護說法。

德國頂尖的線上電腦電玩雜誌之一Krawall.de的總編輯安德烈・佩許克（André Peschke）告訴我，他在電玩產業十年期間，從未見過產業內部針對生產暴力電玩進行任何嚴肅辯論。製造商依賴的是「暴力電玩導致暴力行為並無科學證據」的簡單主張。但有時候，我們沒空等待證據。這似乎就是適用的案例之一：風險很大，超過暴力電玩可能帶來的任何好處。證據或許不夠確鑿，但已堅實到不容再忽視。

關於「第二人生」中虛擬戀童癖的爆量報導，或許聚焦在錯誤的目標了。電玩須受法律妥善的管制，不是當它們讓玩家從事在現實中算是犯罪的行為，而是當有證據基礎讓我們合理認定，它們可能增加現實世界中的嚴重犯罪。目前，對於暴力電玩的相關證據，比允許戀童癖的虛擬現實來得更明確。

摘自「評論彙編」，二〇〇七年七月十七日

# 公眾人物的私事？

公眾人物可以擁有私生活嗎？最近在三個國家的事件凸顯了這個問題的重要性。

在法國總統大選中，兩個候選人都想把自己的家庭生活跟競選活動切割。羅雅爾（Ségolène Royal）並未嫁給她四個小孩的生父歐蘭德（François Hollande）。被問到他們是否算夫妻時，羅雅爾回答：「我們的生活是我們的事。」同樣地，總統當選人尼可拉斯・薩柯吉（Nicolas Sarkozy）回應老婆跑掉的謠言時，他的發言人說：「那是私事。」

法國有尊重政客個人生活隱私權的悠久傳統，法國輿論比美國寬容一些，四個小孩的未婚媽媽在美國不會有機會被主要政黨提名為總統候選人。其實，上個月美國國務院的援外顧問蘭道・托比亞斯（Randall Tobias），承認自己使用某種被形容為提供「高端情色幻想」的伴遊服務後辭職，儘管他說那只是按摩而已。

在英國，把英國石油從二流歐洲石油公司改造為全球大型企業的執行長約翰・布朗（John Browne）爵士，對於認識同性戀伴侶的情況（顯然他是透過男性伴遊仲介認識對方的），承認自己在法庭上說謊後，也辭職了。辭職時，他說他一向認為性傾向是私事，他很失望有報紙（《星期日郵報》〔*The Mail on Sunday*〕）把它公開了。

公職候選人及位高權重的企業主管，應該以政策和績效接受公評，而非私下行為，因為那與他們現在或未來執行公共職務時的表現好壞無關。當然，有時候兩者會重疊。《星期日郵報》和姊妹報《每日郵報》（*The Daily Mail*）合理化他們公布布朗舊情人爆料的依據是，爆料中包括布朗允許他利用公司資源圖利自己私人生意的指控。公司方面否認這些指控有任何根據。

托比亞斯身為美國國際開發署的主管，執行小布希政府的政策，要求防治ＨＩＶ／愛滋病的各組織，如果想獲得美國的協助，就必須譴責賣淫。此政策備受批評，因為更難幫助到極容易罹患與散布ＨＩＶ／愛滋病的性工作者。爭議的是，民眾有無興趣知道那些執行政策的人，自己是否花錢買性服務。

若沒有跡象顯示個人道德會影響企業主管或政府官員的表現，我們應該尊重當事人的隱私。那政治領袖候選人呢？

既然政治人物要求我們把強大權力託付給他們，或許可以主張我們應該盡量多瞭解他們的道德程度。例如，我們可以合理詢問他們是否誠實納稅，或者打聽他們捐多少錢做慈善。這類事情能夠顯示他們對公益的關心程度。同樣地，三年前爭取總理大位的澳洲反對黨領袖馬克・拉森（Mark Latham），曾因車資爭議攻擊計程車司機，打斷對方手臂；此類揭露，對於一些認為國家領袖不應輕易動怒的人也有關係。

但是多瞭解政治人物的正當興趣，也能擴及他們私人關係的細節嗎？在任何領域，都很難畫出一條原則界線，去判斷知情者能否提供政客道德品格的相關資訊。問題在於，媒體只要公布資訊、增加觀眾，就有利可圖，而私人資訊，尤其是關於性事的細節，通常能達到效果。

即使如此，人們是否選擇結婚，是異性戀或同性戀，甚至是否花錢滿足性幻想，或是有不惜代價想要實現的性幻想，跟他們是不是可以委以重任的好人，沒什麼關聯。當然，除非他們說一套做一套。如果我們對人類的多樣性能培養更大的寬容度，政客、企業領袖與官員就比較不怕「曝光」，因為他們會發現自己沒有做什麼必須隱瞞的事。

賣淫在美國大多數地區屬於違法，包括華府，這可能是托比亞斯必須辭職的理由之一。但是上個月紐澤西州長強・柯贊（Jon Corzine）發生嚴重車禍後，大家才知道他違反自己州內的法律，沒繫安全帶。以任何理性標準看來，柯贊的違法程度都比托比亞斯嚴重。要求繫安全帶的法律拯救了許多人命。禁止賣淫的法律並無明顯益處，還很可能造成傷害。但是沒人建議柯贊應該因為他愚蠢的違法行為辭職。至少在美國，違反性行為規範，仍會帶來跟任何潛在實質傷害無關的道德污名。

摘自「評論彙編」，二〇〇七年五月十四日

# 性別應該多重要？

（共同作者／艾嘉塔・薩岡）

上個月，珍娜・塔拉柯娃（Jenna Talackova）進入加拿大環球小姐決賽，結果因為她不是「天生的」女性被取消了資格。這位高大的金髮美女告訴媒體，她四歲就自認是女性，十四歲開始做荷爾蒙治療，十九歲動變性手術。她被撤銷資格，引發一陣何謂真正的「小姐」的議論。

一名洛杉磯八歲小孩生理上是女性，但是變裝希望被當作男性，這個案例引發的問題重要性更廣泛。他的母親想替他以男性身分報名私校，但是沒有成功。每個人都根據生理性別被貼上「男」或「女」的標籤，這真的很重要嗎？

跨越性別界線的人會遭受明顯的歧視。去年，國立跨性別平權中心與全國男女同性戀工作小組發表了一份調查，暗示跨性別者的失業率是其他人的兩倍。另外，有工作的答覆者之中，九〇％反映職場上有某種不當待遇，像是騷擾、嘲弄、被上司或同事不當分享關於他們的資訊，或是上廁所有麻煩。

此外，跨性別者可能因為自己的性別認同遭受肢體暴力與性侵害。根據跨性別謀殺監督組織統計，去年在美國至少有十一人因此被殺。

不認同天生性別的小孩處境尤其尷尬，他們的父母面臨困難的抉擇。我們還沒有辦法把小女孩變成生理正常的男孩，反之亦然。即使我們做得到，專家也警告別採取不可逆轉的步驟，把他們變成他們認同的性別。

許多小孩會表現出跨性別行為或表達希望是相反的性別，但是有機會選擇性別時，只有小部分人會走完所有程序。使用荷爾蒙阻斷劑延緩青春期，似乎是合理選項，讓父母與小孩有較多的時間決定是否要改變自己的人生。但仍有個較廣泛的問題。不確定自己的性別認同，在兩性間游移或兼有男女性器官的人，並不適用標準的男女二分法。

去年，澳洲政府處理此問題的方式是提供三種護照：男性、女性和未定性別。新系統也允許民眾選擇自己的性別認同，不必符合天生的性別。打破例行的僵硬分類，顯示了對所有個體的尊重，若被其他國家廣泛採用，也會幫很多人省下麻煩，不必再向移民官解釋他們的外表為何與護照登載的性別不符。

然而，你不禁會懷疑，經常問別人什麼性別是否真的有必要。在網路上，我們經常與性別不明的人互動。有些人很重視自己能否控制要公開哪些資訊，那我們何必強迫他們在這麼多的場合說出自己是男是女？

想要掌握這類資訊，算不算某種舊時代遺跡？那時，女性被排除在各種角色與職位之外，因而得不到伴隨的權益。或許消除無緣無故問這個問題的情況，不只會讓那些無法嚴格分類的人日子好過一點，也有助於減少女性的不平等，還可能防止偶爾發生在男性身上的不公義，例如請育兒假的規定。

進一步想像，在同性戀關係合法的地方，如果國家不規定配偶表明性別，男女同志婚姻的障礙就會消失。同理也適用於領養（其實，有些證據顯示，讓兩位女同志當父母，比任何其他組合都能讓小孩有較好的人生起點）。

有些父母已經在抗拒「男生或女生」的傳統問題，在小孩出生後不公布性別。瑞典有對夫婦說明，他們想要避免自家小孩被迫落入「特定性別的模式」，說「把小孩生出來，在額頭蓋上藍色或粉紅色印章」，很殘酷。一對加拿大夫婦則懷疑，為何「全世界必須知道小孩子的兩腿之間有什麼東西」。

《生女生男：性別科學探索》（*Making Girls and Boys: Inside the Science of Sex*）的作者珍．麥克里迪（Jane McCreedie）批評這些夫婦做得太過火了。以現今的世界看來，她說得有道理，因為隱瞞小孩的性別只會更引人側目。但如果這類行為變得更普遍，甚至不知怎地成為常態，那還會有什麼不對嗎？

摘自「評論彙編」，二〇一二年四月十三日

# 伊朗的神與女人

我祖母是維也納大學最早的數學與物理系女學生之一。她在一九〇五年畢業時，校方提名她接受最高表揚，獲頒一枚刻著皇帝名字縮寫的戒指。但是先前從未有女性被提名接受這項榮譽，法蘭茲．約瑟夫（Franz Joseph）皇帝拒絕頒這個獎給女性。

一百多年後，你可能以為，這時我們早已克服了女性不適合在任何學科領域受高等教育的觀念。所以，聽聞伊朗有三十多家大學禁止女生上七十幾種課程，從工程學、核子物理、電腦科學到英美文學、考古學與商科，真是惱人的消息。依照伊朗律師、人權運動者兼諾貝爾和平獎得主席林．艾巴迪（Shirin Ebadi）的說法，這些禁制是政府抑制女性出外工作的政策之一。

這些禁令格外諷刺，因為根據聯合國教科文組織的資料，伊朗大學生的女男比例是全世界最高的。去年，所有通過大學考試的學生中，女性占了六〇%，女性在傳統上由男性宰制的工程類學科，也表現良好。

很可能正是女學生的成功，加上受教育女性反對伊朗神權政體的角色，讓政府想要扭轉趨勢。現在，艾斯法罕出身的女學生努欣

（Noushin）告訴ＢＢＣ她想當機械工程師，但即使入學考試獲得高分，像她這樣的女性都無法達成自己的理想。

有些人宣稱兩性平權的理想代表了特定的文化觀點，我們西方人不該企圖把我們的價值觀強加於其他文化。伊斯蘭經文確實以各種方式主張男性比女性優越。但是猶太教與基督教經文也是如此；不受歧視的受教權在許多國際宣言與條約中受到保障，如《世界人權宣言》；這份宣言是幾乎所有國家都同意的，包括伊朗。

在伊朗，官方的偏見更廣泛，歧視女性只是其一。非穆斯林，亦不屬於伊朗憲法承認的三大少數宗教祆教、猶太教與基督教信徒者，備受歧視。要上大學，你必須自稱是四種官方認可宗教之一的信徒。無神論者、不可知論者或巴哈伊[1]信仰社群的人都不能入學。

試想如果有人想姑息種族歧視，主張把自己的文化強加在別人身上是不對的，我們會怎麼反應。畢竟許多年來，美國部分地區的「文化」是非裔就該坐在公車後段，上不同的學校、醫院和大學。曾經實施種族隔離制的南非「文化」是：黑人應該分區居住，並享有

1 譯註：巴哈伊（Bahá'í），伊朗人巴哈歐拉（Bahá'u'lláh）在十九世紀中葉創始的新興宗教。其基本教義有三：宗教同源、人類生而平等、上帝是獨一的神。

隔離、但較差的教育機會。更精確地說，那是當年在這些地方掌權的白人文化。

在伊朗也是同樣道理。國家統治者都是男性穆斯林。最高領袖阿里·哈米尼（Ayatollah Ali Khamenei）大導師在二〇〇九年呼籲各大學「伊斯蘭化」，導致課程被更改，某些學術職務換由較保守的人士擔任。兩個月前，哈米尼說伊朗人應該回歸傳統價值，多生小孩。除了環境衝擊，這對女性角色更是明顯的暗示。

目前國際對伊朗實施的制裁，目的在防止該政權製造核武，而非說服它終結對女性或某些宗教的歧視。對伊朗的大學或各類其他產品，並沒有像當年針對南非那樣廣泛的杯葛。比起種族與族群歧視，我們似乎仍然比較不重視性別與宗教歧視。

或許，我們比較願意接受男女之間的生理差異跟他們在社會上扮演的角色有關。確實有這種差異，而且不盡然是生理上的。所以我們不該急著判定，如果大多數工程師是男性，一定有歧視女性的成分。也可能是想當工程師的男人比女人多。

然而，這跟想當工程師、也有資格攻讀工科的女人卻被剝奪實現理想的機會，是完全不同的問題。伊朗公然阻止女性研習對男性開放的課程，採取了跟種族歧視一樣無從置辯的手段，應該受到同樣強力的譴責。

摘自「評論彙編」，二〇一二年十月十一日

# …關於行善…

# 捐出百分之一收入的方案

現在每天有超過十億人在自己的國家以不到一美元的購買力過活。二〇〇〇年，美國民間的各種援外捐款，平均每人約四美元，每個家庭約二十美元。透過美國政府，每人又捐了十美元，或是每個家庭五十美元。每個家庭總共捐了七十美元。

相形之下，紐約世貿中心被摧毀之後，美國紅十字會收到的捐款，多到讓它放棄去嘗試檢驗潛在受贈人需要多少幫助。紅十字會在下曼哈頓畫了條界線，提供住在界線以南的每個人三個月的房租錢（如果那是自己的房子，即提供三個月的房貸與維護費）。如果受贈人宣稱因為雙子星大樓毀滅而影響了健康，還會收到水電瓦斯和日用品的錢。

界線以南的大多數居民並未流離失所或被撤離，但他們還是得到了房貸或房租補助。紅十字會志工在財務分析師、律師和搖滾明星住的昂貴公寓大樓的大廳設立宣傳桌位，通知住戶有這項補助。大家付的房租愈高，得到的錢愈多。無論貧富，二〇〇一年九月十一日當天住在下曼哈頓的紐約人，平均每個家庭都能收到五千三百美元。

七十美元和五千三百美元的差別，或許是美國人對同胞比其他國家的人民福祉相對重視的具體指標。這麼說都是低估了差距，因為收到捐款的美國人通常比全世界貧民更不需要錢。

在聯合國千禧高峰會上，世界各國承諾了一大堆目標，其中最顯眼的是在二〇一五年把活在貧窮線下的人數減半。世界銀行估計，達成這些目標的費用是每年額外支出四百億到六百億美元。迄今還不曉得財源要從哪裡來。

雖然被形容為「有野心」，千禧峰會的目標其實很客氣，因為要把貧窮人口減半，只需要在十五年期間接觸到世界最貧窮人口中較好的上半部，把他們勉強移到貧窮線上方。理論上，那樣可能讓狀況較糟的五億窮人停滯在目前的險峻狀態。此外，在這十五年內的每一天，會有幾千個小孩死於貧窮相關的原因。

每個人要出多少錢，才能募到必要的四百億到六百億美元？已開發國家大約有九億人，其中六億人是成人。往後十五年，每人每年捐一百美元左右，就能達成千禧峰會的目標。對於年收入達到已開發國家平均薪資兩萬七千五百美元的人來說，一百美元不到年收入的〇．四％，每賺兩美元花不到一分錢。

當然，不是富國的所有居民在滿足基本需求之後還有閒錢。但是窮國也有好幾億富人，他們也可以捐錢。所以，我們可以鼓吹每個有閒錢的人，在滿足家人的基本需求之後，應該至少貢獻〇．四％收入給在全世界濟貧的組織，那就可能達成千禧峰會的目標。比〇．四％有用的象徵數字是一％，這樣，加上現行的政府援外標準（除了丹麥以外，世界各國援外金額都不到國民生產毛額的一％，在美國僅有〇．一％），或許比較接近消滅而非將全球貧窮減半所需的金額。

我們容易把慈善當作某種「道德選項」，有做很好，但沒做也沒什麼不對。即使你生活豪奢，從來不做慈善，只要你不殺人、傷人、偷盜、欺騙等等，就算是道德良好的公民。但是那些有錢買奢侈品，卻連一小部分收入都不跟窮人分享的人，必須為他們原本可以防止的死亡負一些責任。連最低標準一％都做不到的人，應該被視為犯了某種道德錯誤。

任何思考自己道德責任的人都會正確地判定，既然無論我們怎麼做，不是人人都會捐出一％，他們必須做更多。我在過去鼓吹過捐出更高的金額。但是為了能夠切實地成功改變我們的行為標準，專注於我們期待每個人能做到的，我必須主張，應該捐獻年收入的一％來克服全球貧窮，這是過著道德無愧的生活的最低標準。

捐出那個金額不需要什麼道德魔人。無法做到，就透露了你對持續的赤貧與可避免的貧窮致死，抱持冷漠的態度。

摘自「評論彙編」，二〇〇二年六月二十一日後記：好消息！從我寫這篇專欄以來，活在赤貧中的人數（現在世界銀行的定義是每天生活費不到一．九〇美元者）穩定下降。到了二〇一五年底，已經掉到七億兩百萬人。這是史上頭一次，全球人口不到一〇％活在赤貧中。

# 要求慈善機構負責任

假設你關切死於可預防疾病的非洲兒童，你想要捐錢給設法降低這些死亡人數的慈善機構，但是有很多機構在做這件事。你該如何選擇？

許多人面對慈善機構，詢問的第一件事是：「我捐的錢有多少花在營運管理上？」在美國，有五百萬用戶的慈善導航（Charity Navigator）網站可以看到這個數字。但是資料來自慈善機構自己填寫寄給稅務機關的表格。沒人查核那些表格，用在營運管理與計畫的費用比例，只需一些創意的會計手法，很容易美化。

更糟的是，即使那個數據正確，還是看不出該機構造成的影響。降低管理費用的壓力可能讓一個組織較沒效力。例如，如果在非洲濟貧的某機構裁減具專業知識的員工，結果很可能資助失敗的計畫。組織可能根本不知道哪個計畫失敗了，因為評估與從錯誤中學習都需要人力，而那又會增加管理成本。

二〇〇六年，荷登・卡諾夫斯基（Holden Karnofsky）與艾莉・哈森菲爾德（Elie Hassenfeld）面臨了哪個機構最能妥善運用他們捐款的疑問。他們都是二十幾歲，在投資公司有六位數的收入（比他們需要的多），想要捐錢讓世界變得更好。身為投資顧問，一家公司要是少了關於目標績效的詳細資訊，他們絕不會推薦投資。對於捐款給哪些慈善機構，他們同樣需要充足的資訊，好做選擇。

於是，卡諾夫斯基和哈森菲爾德找了六個也在金融界工作的朋友，湊在一起，劃分領域，調查哪些慈善機構看起來績效最好。他們聯絡各組織，收到很多吸引人的行銷資料，但完全沒回答基本問題：慈善機構如何運用款項，有什麼證據證明他們的慈善活動真的有幫助？他們打電話給很多慈善機構，但最後的發現似乎很令人意外：就是沒有這些資訊。

有些基金會表示，關於工作效益的資訊是機密。卡諾夫斯基與哈森菲爾德認為，這不是進行慈善工作的好方式。關於如何幫助眾人的資訊為什麼是祕密呢？卡諾夫斯基與哈森菲爾德認為，慈善機構尚未準備好回答這類問題，顯示其他捐款人與基金會多多少少是盲目給錢，對於該支持誰，並沒有做出明智決定所需的資訊。

現在卡諾夫斯基與哈森菲爾德有個新目標：取得這些資訊並公布。為了這個目標，他們創立一個叫作 GiveWell 的組織，以便其他捐款人不必再像他們那樣辛苦地挖掘資料。

然而，他們很快發現這個任務需要的不只是不定期的關注。第二年，同事們募到三十萬美元之後，卡諾夫斯基與哈森菲爾德便離開現職，全力投入 GiveWell 與相關捐贈機構

The Clear Fund。他們邀請慈善機構來申請兩萬五千美元的捐款，用在五大類的人道目標，申請過程中要求他們填寫先前尋找的那類資訊。如此一來，他們募來的錢大都會流向每個類別最有效的慈善機構，同時鼓勵透明度與嚴格評估。

關於拯救與協助非洲人方面、哪些機構最有效的第一份報告，現在已經可以在 GiveWell 的網站上看到。提倡與販賣保險套以預防 HIV 感染，還有購置蚊帳等物品以防止瘧疾的國際人口服務組織（Population Services International）榮獲第一，接著是提供醫療給鄉下貧民的健康夥伴（Partners in Health）組織。第三名則是 Interplast，屬於較專注在矯正唇顎裂等畸形的組織。

評估慈善機構可能比做投資決策更困難。投資人感興趣的是財務報酬，所以衡量明確的價值沒有問題，到頭來一切都看錢。要衡量矯正臉部畸形與拯救人命何者能減少較多苦難，則比較困難，因為沒有單一的價值觀。

其他方面也一樣，評估慈善機構需要時間，也可能很花錢。或許因為這樣，許多組織（包括一些在非洲活動最知名的濟貧組織）並未回應 GiveWell 對資訊的要求。他們無疑是算計過，得到兩萬五千美元的機會不值得花這工夫。但如果捐款人開始遵循 GiveWell 的推薦，那麼在 GiveWell 排上高名次，可能遠超過那筆捐款的價值。

因此，GiveWell可說是具有革命性的潛力。在美國，個別捐款人每年大約捐兩千億美元給慈善機構。沒人知道這麼大筆錢，是否達到捐款人打算支持的目標。GiveWell給了慈善機構誘因，變得更透明、更專注達成可呈現的效果，可能讓我們的慈善捐款比以往做到更多好事。

摘自「評論彙編」，二〇〇八年二月十四日

**後記**：寫出這篇專欄後的幾年，GiveWell蓬勃發展，增聘員工，以便做更多研究。二〇一五年，GiveWell追蹤捐給它推薦的慈善機構的一億美元捐款，作為研究成果。目前名列前茅的慈善機構名單，請參閱www.givewell.org。

# 炫耀的慈善

耶穌說，我們應該私下而非在別人目光下施捨。這符合我們一般人的常識：如果人們只公開行善，動機可能是博得慷慨的美名。或許沒人在看的時候，他們一點也不慷慨。

這個想法，可能讓我們鄙視在音樂廳、美術館與大學建築上，大刺刺展示捐款人姓名的慈善塗鴉。通常，姓名不只永遠跟整棟建築綁在一起，募款人與建築師也會盡力讓他們多多出現在建築內各處。

根據演化心理學家說法，這種炫耀慈善的行為就是人類版的公孔雀尾巴。如同孔雀展示巨大尾羽，象徵牠的力量與美麗，從實用觀點看來純粹是浪費資源，昂貴的公開慈善行動也是向潛在的配偶暗示，一個人擁有的資源是如此足夠，可以送出這麼多。

然而從倫理的觀點看，我們應該這麼在乎捐獻動機是否純正嗎？當然，重要的是為了好的出發點而捐贈。我們可以睥睨一棟豪華嶄新音樂廳，但不是因為捐獻者的名字被刻在大理石門面上。我們比較應該質疑，這個世上每天有兩萬五千名貧童非必要地死去，世人是否真的需要另一座音樂廳。

有很多當代心理學研究並不贊同耶穌的教誨。民眾決定是否捐款做慈善的最重要因素之一，就是他們認為別人在做什麼。大肆宣揚自己捐錢做慈善的人，會增加其他人效法的可能性。或許我們終將達到一個臨界點，捐出大筆錢幫助全世界最窮的人會變得再平常不過，每天不必要死去的兩萬五千人因此大量減少。

那就是克里斯與安．艾林傑（Chris and Anne Ellinger）希望他們的網站 www.boldergiving.org 能達到的目標。該網站講述五〇%聯盟五十多個成員的故事：近三年來，這些人不是捐出五〇%的資產，就是五〇%的收入。聯盟成員希望改變世人對於「正常」或「合理」捐款金額的預期。

這一群人背景非常多樣化。湯姆．懷特（Tom White）經營一家大型營建公司，開始捐出數以百萬計的金額，支持保羅．法默（Paul Farmer）把醫療服務帶給海地鄉下貧民的計畫。湯姆．謝（Tom Hsieh）與妻子布莉（Bree）立志要以低於全國平均的年收入（目前是四萬六千美元）過活。因為三十六歲的謝先生賺得比較多，他們捐的更多，主要是捐給開發中國家的濟貧組織。哈爾．陶席格（Hal Taussig）與妻子捐了約占資產九〇%的三百萬美元，目前快樂地靠社會福利金生活。

大多數捐款人認為付出對個人來說是一種收穫。謝先生說，無論他的捐款是否拯救到人命，至少他自己得救了：「我原本可能過著無聊又無意義的生活。現在我有幸過著服務他人、有意義的生活。」大家誇獎哈爾．陶席格的慷慨時，他回答：「老實說，這是我在生活中尋求刺激的方式。」

五〇%聯盟設定了高標準，但對大多數人來說或許太高了。詹姆士．洪（James Hong）創辦了讓大家評價別人有多「性感」的網站 www.hotornot.com，發了大財。他發誓要捐出超過十萬美元收入的一〇%。洪先生的網站 www.10over100.org 邀請其他人也這麼做。迄今已有三千五百多人效法。

洪設定了低標準。如果你賺不到十萬美元，什麼都不用捐，假設你賺了十一萬美元，只需要捐一千美元，不到你收入的一%。那一點也談不上慷慨。許多賺不到十萬美元的人也負擔得起。洪的公式很簡單，但是收入很高的時候，捐款金額就很驚人了。如果你每年賺一百萬美元，必須捐出九萬美元，相當於收入的九%，比大多數富人捐得還多。

我們必須克服自己的不情願，公開我們的善行。我們寧可將所有的錢花在自己和家人身上，而非幫助更需要的人，因此為善不欲人知並不會改變這個文化——儘管幫助別人長期而言可能帶來更大的滿足。

摘自「評論彙編」，二〇〇八年六月十三日

**後記**：Bolder Giving 網站仍繁榮發展中，其中的五〇%宣言啟發了比爾．蓋茲（Bill Gates）夫婦後來成立的 Giving Pledge 網站（www.givingpledge.org），邀請全世界的富人宣示在死前捐出半數財產做慈善（我自己的另一本著作《你可以拯救的生命》〔*The Life You Can Save*〕也影響了蓋茲夫婦的想法）。到了二〇一六年一月，有一百三十幾位億萬富豪宣示捐出總計超過一千七百億美元的善款。10over100.org 已經解散了，但是 Giving What We Can 網站（www.givingwhatwecan.org）邀請民眾做類似的宣示。根據我的著作成立的 The Life You Can Save 網站，則使用漸進式比例，從較低的百分比開始，視收入而定，逐漸提高（www.thelifeyoucansave.org）。

# 好慈善，壞慈善

你想要捐錢給值得的對象。很好。但是你應該捐給誰呢？

如果你向專業慈善顧問求助，他們對這個重大問題很可能沒什麼話好說。他們一定會引導你接觸一大堆慈善選項。但是他們領域普遍的假設是，對於哪個選項最好，我們不應該、也可能無力做出客觀的判斷。

舉例來說，世界最大的慈善活動組織之一洛克斐勒慈善顧問（Rockefeller Philanthropy Advisors），它的網站提供可下載的手冊，附有圖表顯示慈善家可捐獻的領域有：衛生與安全；教育；藝術、文化與歷史遺產；人權與民權；經濟保障；還有環保。然後網站提出一個問題：「最迫切的議題是什麼？」接著回答：「這個問題顯然沒有客觀的答案。」

真的嗎？我不以為然。例如，比較洛克斐勒慈善顧問的兩個類別：「衛生與安全」跟「藝術、文化與歷史遺產」，我想很明顯，有些客觀的理由支持我們或許能在某個領域多做一點好事。

假設你家附近的美術館在找資金加蓋一棟新的側翼，以便更完整地展出收藏。館方請求你為此捐錢。假設你出得起十萬美元。同時，有人請你捐助致力防治砂眼的組織，因為這種因感染微生物造成的眼疾，在開發中國家的小孩子身上仍很常見。砂眼會讓人緩慢喪失視力，通常在三十到四十歲之間失明。這是可以預防的。你做了一些研究，發現你每捐出一百美元，就能預防一個人遭受十五年的視力受損，接著失明十五年。所以，捐出十萬美元可以預防一千個人喪失視力。

在這個選項中，十萬美元捐到哪裡較有幫助？哪一種支出可能讓受惠者的生活有較大的改善？

一方面，我們會讓一千人躲過十五年的視力受損，加上十五年的失明，以及沒有社會保險的窮人會遭遇的所有後續問題。另一方面，我們會造成什麼結果呢？

假設美術館新的側翼會花掉五千萬美元，在預期使用壽命的五十年間，每年會有一百萬人享受到這項設施，總共會創造五千萬人次的訪客。因為你只貢獻了五百分之一的費用，你提升的美學體驗，只有十萬名訪客受惠。那比得過拯救一千人免於失明十五年嗎？

若要回答，請試試下面這個思想實驗。假設你可以選擇參觀有了新側翼的美術館，以及沒有新側翼的美術館。自然，你會偏好看到新的側翼。但是再想像有個惡魔宣布，看到新館的每一百人中，他會隨機選出一人，讓他失明十五年。你還會去看新館嗎？那你一定是瘋了。即使惡魔只弄瞎一千人中的一人，依我的判斷，我敢跟你賭，還是不值得冒這風險去看新館。

你如果同意，那麼你的意思就是，一個人瞎掉的傷害超過一千人造訪新館的好處。所以救一個人免於失明的捐款，會比讓一千人造訪新館的捐款來得有價值。同樣的金額雖能提供一千人更美好的參觀體驗，但要是捐給防治砂眼組織，不只會救一個人免於失明，而是十個人。所以防治砂眼的捐款，比捐給美術館至少多了十倍價值。

這個比較利益的方法，經濟學家用來判斷人們有多重視事物的特定狀態。這還沒有定論，因為很多人對於重大壞事發生的微小風險，似乎抱持不理性的態度（所以我們才需要立法規定民眾繫安全帶）。不過在許多案例中，包括我們現在考慮的這個議題，答案相當清楚。

當然，這只是我們該如何選擇慈善救助領域的一個例子。有些選擇相對簡單，也有些困難得多。大致上，涉及人類福祉時，如果我們幫助開發中國家的赤貧小孩會有較大的效益，因為我們的錢在當地好用多了。但是舉例來說，直接幫助全球貧民或設法減少溫室氣體排放，幫助所有人與未來世代，兩者之間的選擇就比較困難。要幫助人類或減少我們施加在動物身上的大量苦難，這樣的選擇也是。

不過事態新發展讓這類決定容易多了。直到最近，我們才有辦法查明哪些慈善機構在各自的領域內效益最高。認真評估援助赤貧者的慈善機構始於六年前，非營利慈善評估機構 GiveWell 誕生之時。

現在我們可以很有信心，確定捐款給反瘧疾基金會的錢會拯救人命、減少瘧疾，而捐款給血吸蟲病管制組織，會以很低的成本減少各種被忽視的熱帶疾病，尤其寄生蟲引發的病例。比較具實驗性的是 GiveDirectly，他們會將你至少九〇%的捐款轉交給非洲的赤貧家庭。初步研究顯示，這些捐款對受贈人有長期的助益。

「有效利他主義」這種基於證據的慈善捐款方式，是一場新興的國際運動。支持者不只滿足於讓世界變好，還想要利用他們的天賦和資源，盡最大努力，把世界變得更好。思考將你的時間與金錢投入哪些領域，會提供最正面的影響，仍是一個新觀念，但是有更多有效利他主義者在研究這些議題，我們會開始看到真正的進步。

摘自《紐約時報》，二〇一三年八月十日

# 鼓舞人心的理想很好，但是做慈善要用頭腦

不為「蝙蝠小子」高興的人真的很白目。如果上個月看到兩萬人加入幫助許願基金會（Make-A-Wish Foundation）與舊金山市政府滿足一個五歲小孩（不是普通的小孩，他正在跟致命疾病搏鬥）的超級英雄夢想，沒讓你感到滿心溫暖，你一定對人類的基本情感麻木了。

但我們還是可以追問，這些情感是不是指引我們該怎麼做的最佳標準。根據許願基金會的資料，實現一個重症小孩夢想的平均費用是七千五百美元。這筆錢如果捐給反瘧疾基金會，提供蚊帳給瘧疾疫區的家庭，至少可以拯救兩、三個小孩的命（那還是保守估計）。如果捐給瘻管基金會，可以支付大約十七位年輕媽媽的手術費，少了這份援助，就無法防止她們的排泄物從陰道滲漏，可能落得一輩子被排擠。如果捐給賽瓦基金會（Seva Foundation）去開發中國家治療砂眼和其他常見的失明病因，可以讓一百名兒童長大後免於失明。

很明顯，拯救一個小孩的人生，好過滿足另一個小孩當蝙蝠小子的願望，不是嗎？如果讓邁爾斯的父母能夠選擇讓兒子當一天的蝙蝠小子或治癒兒子白血病的解藥，他們一定會選擇解藥。

那麼，明明有更多務實使用善款的方式，為何這麼多人捐錢給許願基金會？答案至少有一部分在於上述提到的那些情感。如心理學研究所顯示，因為情感，單一可識別的個人受苦，比無法辨識的一大群人受苦，對我們更加顯眼。

在一項研究中，領酬勞參加實驗的人有機會把部分酬勞捐給援助貧童的拯救兒童組織（Save the Children）。有一群人被告知：「馬拉威的糧食短缺影響了三百多萬名兒童。」另一群人則看到一張非洲七歲女童的照片，被告知她名叫洛基雅，然後被鼓吹：「你的財務援助可以讓她的人生變得更好。」第二群人捐款的明顯比較多。看到洛基雅的照片似乎觸動了助人的情感欲望，而得知三百萬人需要幫助的事實則沒這個效果。

同樣地，少了蚊帳就會感染瘧疾的不明又陌生的兒童，就是不如我們在電視上看到的白血病兒童，能抓住我們的情感。那是我們情感構成的缺陷，已經發展了幾百萬年，我們只能幫助眼前的人。這不能當作忽視遙遠陌生人需求的藉口。

有些人反駁，追蹤捐到遠方的金錢用途比較困難。這個月，我在全國公共電台的「On Point」節目擔任來賓時，來電者就表達了這種顧慮。顯然很慷慨的艾德娜告訴我們，她每週在醫院當一天志工，捐錢給幾個當地慈善機構。當她被問到我認為捐款給開發中國家的貧民較有用的論點，她說：「如果我真的相信有需要的當地居民收得到錢，就會這麼做，但是從來沒人說服我這一點，所以我捐給看得到結果的地方。」幸好，接在她後面的是執業醫師梅格，談到她在海地治療每天生活費不到兩美元的兒童的經驗。梅格指出，這些兒童除了政府為他們接種疫苗，大多數沒看過醫生，一千兩百美元就足夠讓海地醫療人員固定探視他們一年。

我們不必相信慈善組織說我們捐的錢真的造福其他國家的人民。科技不但讓捐錢更容易，也捐得更有效果。像 GiveWell 或我自己的 The Life You Can Save 等網站提供了獨立評鑑，可以指引民眾找到合格的組織，不會把我們的捐款交給腐敗的政府，而確保交給實際需要者。

有些美國人可能相信他們透過稅金幫助國外窮人，已經做得夠多。民調持續顯示，美國人認為政府花太多錢援外了，但是被問到該花多少，大家提出的數字是我們實際給的好幾倍。凱瑟家族基金會（Kaiser Family Foundation）舉辦的「二〇一三年美國在全球衛生的角色調查」中，「聯邦預算有多少百分比用在援外？」這個問題的平均答案是二八％。這個結果大致符合凱瑟與哈佛大學、《華盛頓郵報》在一九九七年合作的民調。那次民調中，答案的中位數是二〇％。當年與現在的正確答案，都是大約一％。

美國人普遍認為美國是特別慷慨的國家，但是說到官方援外，美國給的所得比率比其他富國少得多。根據二〇一二年經濟合作發展組織（ＯＥＣＤ）的數據，瑞典與盧森堡捐了美國的五倍，而丹麥捐了四倍，比利時與愛爾蘭給了兩倍多。要以個人與基金會的慈善捐獻彌補這個差距，還差得遠。

或許，美國人若是知道我們在幫助全世界貧民時有多吝嗇，也有各種行善的機會，我們會做得更多。我的 The Life You Can Save 組織，針對這個信念做過一次不太科學的測驗，從華爾街到聖塔摩尼卡，試圖給驚訝的街頭陌生人錢，然後告訴他們可以選擇：自己留著或是捐給反瘧疾基金會。幾乎所有人都選擇捐掉，有些甚至貼錢加倍捐款。我們總共給了兩千五百美元，而反瘧疾基金會最後收到兩千四百二十一美元。

收到金錢餽贈的人，可能比未收到意外之財的人更願意付出。然而，「付出實驗」不僅顯示許多美國人想要幫助全球的窮人，還真的樂意這麼做。他們只是需要能夠有效捐款的知識而已。

摘自《華盛頓郵報》，二〇一三年十二月十九日

# 高價藝術品的倫理代價

上個月在紐約，佳士得拍賣公司賣掉了價值七億四千五百萬美元的戰後與當代藝術品，是史上單一拍賣會的最高總額紀錄。賣掉的高價作品中包括巴尼特．紐曼（Barnett Newman，抽象表現主義畫家）、法蘭西斯．培根（Francis Bacon）、馬克．羅斯科（Mark Rothko）與安迪．沃荷（Andy Warhol）的畫作，每件都超過六千萬美元。據《紐約時報》報導，亞洲收藏家在刺激價格上扮演了重要角色。

有些買家無疑把收購當作投資，就像股票、房地產或金條。若是如此，他們付的價錢太貴還是便宜，要看未來某個時間市場會有多願意購買這個作品。

但如果動機不是牟利，為何會有人想要出幾千萬美元買這種作品呢？它們並不漂亮，也沒展現什麼偉大的藝術技巧，在藝術家的作品中甚至不算傑出。搜尋「巴尼特．紐曼」相關圖片，你會發現許多垂直彩色條紋的畫作，通常以細線隔開。看起來，紐曼一旦有靈感，就喜歡窮盡所有的變形。上個月，有人出八千四百萬美元買了那些變形的版本之一。安迪．沃荷一小幅瑪麗蓮．夢露的圖畫（也有很多複製品），就賣了四千一百萬美元。

十年前，紐約大都會藝術博物館花了四千五百萬美元，買了一小幅杜奇歐（Duccio di Buoninsegna，一二五五－一三一九，拜占庭風格畫家）的《聖母與聖嬰》。後來，我在《你可以拯救的生命》一書中寫到，贊助買畫的捐獻者有更好的方式運用他們的錢。我的想法仍然沒變，但是大都會博物館購入的聖母畫很美麗，而且有七百年歷史了。杜奇歐是在西方藝術史上關鍵轉變時刻活躍的重要人物，很少畫作流傳下來。這些條件都不適用於紐曼或沃荷。

不過，或許戰後藝術的重要性在於挑戰我們觀念的能力。在佳士得拍賣作品的藝術家之一傑夫．昆斯（Jeff Koons）堅定地表達了這個觀點。一九八七年，在與一群藝評人的訪談中，昆斯提到上個月賣掉的那幅作品，稱之為「金賓作品」。昆斯在名為「奢華與墮落」的展覽中，展過這件作品：一節裝滿金賓波本酒的大型不鏽鋼玩具火車。根據《紐約時報》的說法，它檢驗了「放蕩的一九八〇年代中膚淺、浮誇與奢華的危險」。

訪談中，昆斯說金賓作品「用奢華的隱喻來定義階級結構」。然後，藝評人海蓮娜．康托娃（Helena Kontova）問起他的「社會政治性意圖」跟當時雷根總統的政局有什麼關係。昆斯回答：「雷根主義讓社會流動性逐漸崩潰，比起由低、中、高收入階級組成的結構，我們只剩高、低兩端……我的作品要反對這個趨勢。」

批評奢華與浮誇的藝術！反對貧富差距加大的藝術！聽起來多麼高貴又勇敢啊。但是藝術市場最大的力量在於，它能滿足藝術作品創造的任何激進需求，把它轉變成另一個超級富豪消費商品的能力。佳士得把昆斯的作品拿出來拍賣之後，裝滿波本酒的玩具火車賣了三千三百萬美元。

如果藝術家、藝評人與買家真的有興趣縮減擴大中的貧富差距，他們會把心力聚焦在開發中國家，在當地花幾千美元購買本土藝術家的作品，可以確實裨益到全村的福祉。

我在此說這麼多，並不表示我反對創造藝術的重要性。素描、油畫與雕塑就像唱歌或演奏樂器，是自我表現的重要形式，少了這些，我們的生命會比較貧乏。在所有文化，在各式各樣的情境中，即使基本生理需求都無法滿足，人們也會製作藝術品。

但我們不需要藝術買家花幾百萬美元去鼓勵大家這麼做。其實，要主張天價對藝術表現有腐化性的影響，並不困難。

至於買家為何付這麼離譜的價錢，我猜想是他們認為擁有知名藝術家的真跡作品，會提升自己的社會地位。若是如此，那就有辦法帶來改變：用較合乎倫理的界線來重新定義社會地位。

在比較合乎倫理的世界裡，花幾千萬美元買藝術品會降低社會地位，而非提升。這種行為會讓民眾想問：「在每年有六百多萬個兒童因為缺少安全的飲水、蚊帳或因為沒打麻疹疫苗而死的世界上，你找不到更好的用錢方式嗎？」

摘自「評論彙編」，二〇一四年六月四日

# 防止人類滅絕

（共同作者／尼克．貝克史德、麥特．威吉）

許多科學家相信是一顆較大的小行星撞上地球，造成了恐龍滅絕。人類可能面對同樣的命運嗎？

這是有可能的。航太總署追蹤了地球附近多數的大型小行星，甚至許多較小顆的小行星。如果大型小行星在衝撞地球的軌道上被發現，才能給我們時間讓它改道。航太總署分析過這種情境中讓小行星改道的多種選項，包括用核武射擊，把它打離軌道，其中某些策略似乎行得通。然而，方法尚未搜集完。新成立的 B612 基金會，最近展開追蹤其餘小行星的計畫，以便「保護這個星球上的文明的未來」。找到這些小行星之一，可能是防止全球大災難的關鍵。

幸好本世紀內，達到滅絕規模的小行星撞地球的機率很低，約百萬分之一。不幸的是，小行星並非人類生存的唯一威脅。其他潛在威脅來自生物工程疾病、核子戰爭、極端氣候變遷與危險的未來科技。

鑒於接下來兩個世紀會有人類滅絕的風險，下一個問題是我們能否挽救。我們會先解釋我們能做什麼，然後問更深入的倫理問題：人類滅絕會有多糟糕？

這裡要強調的第一點是，如果人類滅絕的風險被證明「很低」，我們不該因此鬆懈自滿。理智的人絕不會說：「呃，這座核子爐熔毀的風險只有千分之一，所以我們不會擔心。」當嚴重災難性結果的風險存在，而我們能用可接受的代價降低或消除風險，我們就該這麼做。大致上，我們可以把壞結果的機率乘以結果會有多慘，評估某個特定風險有多糟。如同我們即將主張的，既然人類滅絕算是糟糕透頂，即使減少一丁點人類滅絕的風險，都會大有幫助。

人類已經做了一些降低提早滅絕風險的事情。我們熬過了冷戰，並且削減核武庫存。我們追蹤地球附近大多數的大型小行星。我們為了「政府延續」的目標，建造了地下碉堡，可能幫助人類熬過某些災難。我們設立了疾病監控計畫，追蹤疾病的蔓延，萬一發生大規模瘟疫，世人能夠較快地反應。我們看出了氣候變遷是潛在風險，即使迄今的實際反應少得可悲，還是研發出一些因應計畫。我們也設立了一些制度，以較溫和的方式降低滅絕風險，例如減少戰爭風險或改善政府的災害反應能力。

認為有可能進一步降低人類滅絕風險的理由之一是，我們做的這些事情應該還能有所改進。我們可以追蹤更多小行星，蓋更好的碉堡，改善疾病監控計畫，減少溫室氣體排放，鼓勵核武不擴散，強化世界各種制度，以求進一步降低人類滅絕的風險。找出值得的特定計畫予以支持仍有實質上的困難，但是這種計畫可能真的存在。

迄今，針對系統性瞭解人類滅絕的風險，以及避免此種風險的最佳措施，所做的努力少得驚人。是有一些關於低機率、高代價災難主題的書籍和論文，但是很少人調查降低風險最有效的方法。我們見不到關於不同策略任何深入、系統性的分析。要降低人類滅絕的風險，合理的第一步是更徹底地調查這些議題，或支持別人去做。

如果我們的推論無誤，那麼人類滅絕的風險確實存在，而我們可能有能力降低風險。有許多重要的相關問題很難回答：降低人類滅絕風險該有多高的優先性？我們願意花多少錢做這種事？這要如何融入其他許多我們可以也應該做的事，像是幫助全球貧民？（關於這點，請參閱 www.thelifeyoucansave.com。）降低人類滅絕風險的目標跟普通的人道目標有衝突嗎？或者，降低人類滅絕風險的最佳方法，就是改善現在活著的民眾生活，讓他們有能力自己解決問題？

在此，我們不會試圖回答這些問題，只會專注在下面這個問題：人類滅絕會有多糟糕？

人類滅絕最糟糕的事情之一，就是幾十億人可能死得很痛苦。但在我們看來，迄今這還不是最糟糕的。人類滅絕最糟糕的一點是不會有未來世代了。

我們認為未來世代跟我們這一代同樣重要。因為未來可能有很多世代，所有那些世代的價值加在一起，遠超過目前這一代的價值。

想想歷史上的例子，有助於說明這個論點。大約七萬年前，有座名叫托巴（Toba）的超級火山噴發。許多科學家認為這次噴發導致「火山寒冬」，害我們的祖先幾乎滅絕。假設真的如此。現在想像托巴火山噴發把人類從地球上抹消，那會有多糟糕？後來大約有三千個世代跟一千億人存活過，可以公允地說，托巴噴發造成的死亡和苦難，比起從當時到現在活過的所有人命，以及事後人類所成就的一切，就顯得微不足道了。

同樣地，如果人類現在滅絕，最糟的一面就是機會成本。文明在短短幾千年前才起步。但是地球還可以讓人類住上十億年。如果能夠殖民太空，我們的物種還可能存活更長久。

有些人會反對以這樣的方式評估未來世代的價值。他們可能宣稱，延續新世代不可能是益處——無論這些人過著怎樣的生活。基於這個觀點，避免人類滅絕的價值，僅限於現在活著的人與快要出生的人，還有可能想生小孩或孫兒女的人。

為何會有人相信這一套？理由之一可能是，如果人們從未存在，那麼他們不存在就不能算是壞事。因為他們不存在，就沒有壞事發生的對象「他們」，所以讓人存在並無法裨益他們。

我們無法同意。我們認為讓人存在可以裨益他們。理由是，首先請注意讓人存在對那些人也可能是壞事。舉例而言，假設有個女人知道如果她在未來幾個月受孕，小孩會罹患多種痛苦的疾病並早夭。如果她決定未來幾個月還是要懷孕，這對她的小孩顯然是壞事。大致上，如果小孩的生命會短暫又悲慘，存在對他似乎就是壞事。

如果你同意把某人生到這個世界上可能對他是壞事，如果你也接受讓某人存在不可能對他有益的論點，那麼就會得出一個奇怪的結論：出生可能傷害你，但是不可能幫助你。如果這話沒錯，那麼看來生小孩是錯的，因為他們總是有受傷害的風險，沒有任何補償利益能超過傷害的風險。

像十九世紀德國哲學家叔本華或當代南非哲學家大衛．貝納塔的悲觀派，都接受這個結論。但如果父母有合理的期待，認為他們的小孩會有快樂又圓滿的人生，生小孩也不會傷害其他人，那麼生小孩就不是壞事。更廣泛地說，如果我們的子孫有合理機會過著快樂、滿足的人生，確保我們的子孫存在就是好事而非壞事。所以我們認為，讓未來世代存在可能是件好事。

我們物種的滅絕（看滅絕原因而定，很可能所有生命皆然），將是演化這個非凡故事的終點，演化已經帶來（頗有）智慧的生命，給了我們潛力繼續進步。不論道德上或智能上，我們在近兩世紀以來創造了偉大的進展，有太多理由可以希望，如果我們倖存，這種進步會持續並且加速。如果我們無力防止自身的滅絕，我們就會搞砸創造真正神奇事物的機會：無數龐大的人類世代，過著富裕滿足的生活，達到超越我們想像力的高等知識與文明。

摘自 http://www.effective-altruism.com/ea/50/preventing_human_extinction，二〇一三年八月十九日

# ···關於幸福···

# 幸福、金錢與捐獻

如果更有錢你會更快樂嗎？很多人自認為會。但多年來的研究暗示，較多財富代表更快樂只發生在收入水準相當低的時候。舉例來說，美國民眾平均比紐西蘭人富裕，但並沒有比較快樂。更誇張的是，奧地利、法國、日本與德國的人民看來並不比窮得多的國家快樂，如巴西、哥倫比亞與菲律賓。

比較不同文化的國家很困難，但是同樣效應也出現在國家內部，除了極低的收入水準之外，例如在美國是年收入低於一萬兩千美元。過了這個點，收入增加對民眾的幸福不會有太大影響。美國人現在比一九五〇年代富裕，但並沒有更快樂。現在，中等收入級距的美國人（意思是家庭收入五萬到九萬美元）的快樂指數，幾乎跟家庭收入超過九萬美元的美國富人相同。

大多數的幸福調查只問民眾對自己的生活有多滿意。在這種研究中，我們無法抱太大信心，因為這種整體的「生活滿意」判斷，可能並未反映民眾實際上有多喜歡他們過日子的方式。

我的普林斯頓大學同僚丹尼爾・康納曼（Daniel Kahneman，心理學家）與幾位共同研究人員，嘗試測量民眾的主觀福祉，在一天內以頻繁的間隔詢問受測者的心情。在發表於六月三十日《科學》期刊的文章中，他們報導其資料證實了收入跟快樂的關聯甚微。相反地，康納曼與同僚發現，高收入民眾花較多時間從事與緊張和壓力等負面情感有關的活動。他們沒有更多時間休閒，而是花更多時間在工作與通勤上。他們較常陷入他們形容為敵對、憤怒、焦慮與緊張的心情。

當然，錢買不到快樂不是什麼新觀念。許多宗教指示我們，執著於物欲會讓我們不快樂。披頭四提醒我們錢買不到愛情。連告訴我們吃得到晚餐，不是因為肉販慈悲而是他為了自利的亞當．斯密（Adam Smith），都形容想像的財富樂趣是「一種欺騙」（不過也「激發並維持人類產業的持續運作」）。

然而，這裡面有個矛盾。各國政府為何都專注在提升國民人均收入？如果不會讓我們更快樂，為何有這麼多人拚命賺更多錢？

或許答案在於我們身為有目標生物的天性。我們是從必須努力工作餵飽自己、求偶、撫養小孩的生物演化而來。對游牧社會而言，擁有無法攜帶的東西毫無意義，但是人類一旦定居發展出貨幣體系，物欲的限制就消失了。

累積金錢到一定程度，原本是提供困頓時期的安全機制，但是現在成了目的本身，成為衡量一個人地位或成功的方式；當我們想不出別的理由做任何事，但是不做事又很無聊，這就成了得以依賴的目標。只要我們不去追究箇中理由，賺錢會賦予那件事值得去做的感受。

有鑒於此，請想想美國投資人華倫·巴菲特（Warren Buffett）的生活。五十年來，現年七十五歲的巴菲特努力累積龐大的財富。根據《富比世雜誌》報導，他是僅次於比爾·蓋茲、世界第二富有的人，資產高達四百二十億美元。但他的簡樸生活方式顯示他不特別喜歡花大錢。即使他的品味比較奢華，他要逼不得已才會花掉超過他財富的九牛一毛。

從這個觀點來看，巴菲特在一九六〇年代第一次賺到幾百萬美元後，他累積更多錢的努力很可能顯得毫無意義。巴菲特是亞當·斯密所謂「欺騙」的受害者，而康納曼與同僚們研究得比較深入嗎？

巧的是，在康納曼的文章刊出的同一週，巴菲特宣布了美國史上最大的慈善捐款——他捐贈三百億美元給比爾蓋茲夫婦基金會，另外七十億美元給其他慈善基金會。即使把過去安德魯·卡內基（Andrew Carnegie）與約翰·D·洛克斐勒（John D. Rockefeller）的捐款隨通膨調整後，巴菲特還是捐了比較多。

大筆一揮，巴菲特的人生有了目標。因為他是不可知論者，他的捐贈動機不是在死後求幸福的信仰。那麼關於快樂的本質，巴菲特的人生教了我們什麼呢？

或許，如同康納曼的研究會讓我們預期，如果巴菲特在一九六〇年代的某個時間點放棄工作，靠資產過活，花很多時間打橋牌，他正面的心情會比他後來選擇的人生多得多。但若是那樣，他一定不會體驗到現在可以正當感受到的滿足——想著他的努力工作與傑出的投資技巧可以透過蓋茲基金會，幫助治療導致世界上幾十億貧民死亡或殘障的疾病。巴菲特提醒了我們有比好心情更大的快樂。

摘自「評論彙編」，二〇〇六年七月十二日

# 我們可以提升國民幸福毛額嗎？

喜馬拉雅山的小王國不丹以兩件事聞名國際：抑制觀光客湧入的高昂簽證費，以及推廣「國民幸福毛額」而非經濟成長的政策。兩者互有關聯：多些觀光客或許會刺激經濟，但他們會傷害不丹的環境與文化，長期而言會減損幸福感。

我初次聽說不丹政府讓人民快樂極大化的目標時，我懷疑那在實務上真的具有意義，還是只是另一個政治口號。上個月在不丹首都辛布舉辦了「經濟發展與幸福」研討會，那是由總理吉美．廷禮（Jigme Y. Thinley）主辦，哥倫比亞大學地球研究所所長兼聯合國祕書長潘基文特別顧問傑佛瑞．沙赫（Jeffrey Sachs）協辦。我受邀發表演講，這才瞭解到那不只是口號而已。

我從未參加過獲得國家政府如此重視的一場研討會。我以為廷禮會在開幕時正式致詞歡迎，然後就回辦公室去了。但是，他的演講深思熟慮地檢討促進幸福作為國家政策所涉及的關鍵議題。然後，他整整兩天半時間都留在會場，對我們的討論提出相關的意見。大多數會議中，也有好幾位內閣部長在場。

自古以來，幸福一向被普世視為一種商品。當我們嘗試找出幸福的定義並試圖衡量時，問題就產生了。

有個重要問題是，我們認為幸福是一生中體驗愉快多過痛苦的盈餘，或是我們對生活滿意的程度。前一種方法嘗試加總人們經歷正面時刻的數量，然後扣除負面時刻的數量。如果結果是大幅的正數，我們就認定此人的人生幸福；若是負數，就是不幸福。所以，要衡量那樣定義的幸福，你必須隨機取樣人們存在的時刻，設法查明他們體驗到的是正面或負面的精神狀態。

第二個方法則是問大家：「你對到目前為止的人生過程有多滿意？」如果他們說滿意，或非常滿意，就是幸福而非不幸福。但是兩種瞭解幸福的方式何者最能捕捉到我們該推廣什麼的問題，引發了基本的價值疑問。

以第一種方法的普查中，奈及利亞、墨西哥、巴西與波多黎各等國表現良好，暗示了答案可能跟國家文化較為有關，而非健康、教育與生活水準等客觀指標。使用第二種方法時，丹麥與瑞士等富裕國家多半名列前茅。但是並不清楚的是，回答普查的問題時，不同文化中的人使用不同語言的答案，是否真的意味著同樣的事。

我們可能同意我們的目標應該是促進幸福，而非收入或國內生產毛額，但如果我們沒有客觀的幸福指標，這樣有道理嗎？經濟學家凱因斯（John Maynard Keynes）有句名言：「我寧可含糊地正確，也不要精準地錯誤。」他指出世界上剛出現新觀念時，可能都很模糊，需要再清楚地定義。幸福作為國家政策目標的概念或許就是如此。

我們能學會如何衡量幸福嗎？不丹政府十二年前設立的不丹研究中心，目前正在處理八千多位不丹民眾的訪談結果。訪談記錄了主觀的因素，如回答者對生活有多滿意，以及客觀因素，如生活水準、健康與教育，還有文化參與、社區活力、生態健康、工作與其他活動的平衡等。如此紛歧的因素是否真的互有關聯，仍有待觀察。嘗試將之簡化成單一數字，需要一些不同的價值判斷。

不丹有個國民幸福毛額委員會，由總理擔任主席，篩檢所有政府部會提出的新政策提案。如果發現某政策違背促進國民幸福毛額的目標，就退回部會重新研議。未經委員會批准，就不能實施。

最近有一條爭議法律通過實施——禁賣香菸，顯示出政府是多麼願意採取嚴厲的手段，以極大化它認為的整體幸福。不丹人民可以從印度帶進少量香菸或菸草自用，但不能轉賣，而且在公開場合抽菸，必須隨身攜帶進口稅單收據。

去年七月，聯合國大會無異議通過了不丹提案的決議，承認追求幸福是人類基本目標，並指出此目標不會反映在GDP上。決議中邀請會員國研發更能達成幸福目標的其餘方法。大會也歡迎不丹的提議，召集一個委員會在本月開始的第六十六會期討論幸福與福祉的主題。

這些討論都是往福祉與幸福方向、重塑政府政策的新興國際運動的一環。我們應該給予祝福，希望最終目標會變成全球的幸福，而非只是國家的幸福。

摘自「評論彙編」，二〇一一年九月十三日

**後記**：二〇一一年聯合國大會發表決議，承認幸福是一種「人類基本目標」，邀請會員國衡量他們國民的幸福，利用這個方式作為政策指引，換句話說，稍微往不丹已經在做的事情靠攏。現在，有更多科學家研究如何衡量並瞭解促進幸福的方法，以幸福為公共政策目標的觀念正逐漸獲得支持。

# 心情低落的高代價

根據世界衛生組織研究，如果以喪失良好的健康多少年為標準，憂鬱症是世界第四糟糕的健康問題。到二〇二〇年，可能上升到第二名，僅次於心臟病。但是治療與預防方面所做的努力仍遠遠不足。

由莎芭・穆薩維（Saba Moussavi）帶領、發表在上個月《刺胳針》期刊的一項研究也揭露，憂鬱症對患者生理健康的影響，超過了咽峽炎、糖尿病、關節炎與氣喘等重要的慢性病。但在同一期《刺胳針》裡，新南威爾斯大學研究員蓋文・安德魯斯（Gavin Andrews）與尼可萊・提托夫（Nickolai Titov）報導，患憂鬱症的澳洲人得到可接受程度照護的機會，遠低於關節炎與氣喘患者。這個模式跟其他已開發國家的報導若合符節。

治療憂鬱症即使不完全，也經常有效。若不治療，患者無法過著快樂滿足的生活。但是，即使從狹隘的成本效益來看，多花點錢治療憂鬱症仍是合理的。

歐洲二十八國的一項研究發現，憂鬱症在二〇〇四年花掉了一千一百八十億歐元，亦即他們 GDP 加總的一％。治療憂鬱症的費用只占如此龐大金額的九％。比例更大的是喪失生產力。倫敦政經學院經濟績效中心的理查・雷亞德（Richard Layard）說過，精神疾病是英國最大的社會問題，耗掉了一・五％的GDP。他估計，每個病人治療兩年可能需要七百五十鎊，結果卻可能是少工作一個月，價值一千八百八十鎊。雷亞德爵士呼籲多做精神治療而非藥物治療。

在美國，馬里蘭州洛克威爾的國家精神保健研究所一個由菲利浦・王（Philip Wang）率領的研究團隊，上個月在《美國醫學協會期刊》（*Journal of the American Medical Association*）報導了類似的結果。王先生的團隊進行了隨機控制的實驗，顯示憂鬱症篩選（找出可能因治療受益的勞工）成本效益很大，可以節省雇主的健保費，減少病假，增加在職率與生產力。

憂鬱症在開發中國家也很花錢。在中國，根據胡德偉與同僚們最近在《社會精神病學與精神流行病學》（*Social Psychiatry and Psychiatric Epidemiology*）的一篇文章所言，憂鬱症以二〇〇二年的物價計算，每年花掉五百一十億人民幣，超過六十億美元。幾年前，維克蘭・帕特爾（Vikram Patel）的研究團隊在《英國醫學期刊》（*British Medical Journal*）報導，憂鬱症在辛巴威很常見，在當地經常以修納語（Shona）的單字「想太多」稱呼。

全世界許多主要的執業醫師都低估了憂鬱症的嚴重性。他們許多人缺乏診斷出精神疾病的適當訓練，在治療選項上可能跟不上時代。病人也可能不尋求治療，因為精神疾病仍帶有污名，比起生理疾病，患者更不願意承認。

至少在美國，因為拒絕某些健保政策納入精神疾病治療，問題已經惡化了。所以，美國參議院最近通過精神保健平等法案（Mental Health Parity Act）是邁進了一大步。還需要眾議院通過的這項立法，將規定雇主提供的健保計畫以類似一般健保的程度納入精神疾病治療（很不幸，這項立法幫不到四千七百萬名根本沒有健保的美國人）。

憂鬱症在全世界來說，是放大超過一億倍的個人悲劇。雖然我們可以也應該改善憂鬱症的治療，或許更重要的問題是我們能否學習防止。

有些憂鬱症似乎是來自遺傳，那麼基因療法最終可能提供對策。但是許多精神疾病看起來是環境因素造成的。或許，我們必須專注在對精神疾病有正面效果的生活各層面。最近許多研究顯示，花點時間跟家人朋友一塊放鬆，有助於民眾對生活的滿意度，而長工時，尤其漫長的通勤時間，會助長壓力和不快樂。當然，放鬆與快樂的人還是可能會陷入憂鬱，壓力大、不快樂的人也可能不憂鬱，但是快樂的人比較不會憂鬱是個合理的假設。

總統的癌症委員會主席拉薩爾．勒佛（LaSalle Leffall）在八月寫信給小布希總統，表示：「我們可以也必須透過適當政策與立法，協助個人做出健康的選擇。」如果鼓勵健康飲食與勸阻吸菸是對的，那麼促進精神健康的生活方式選擇也同樣正確。政府無法立法規定人民要快樂或禁止憂鬱症，但是公共政策可以發揮作用，確保民眾有足夠的時間，在令人愉快的場地跟親友一塊放鬆。

摘自「評論彙編」，二〇〇七年十月十五日

# 沒有微笑限制

如果你抬著頭、開朗地沿著自家社區街道走路，有多少擦肩而過的人會向你微笑，或以某種形式問候你呢？

微笑是人類的普世行為，只是向陌生人微笑的意願因文化而異。在澳洲，對陌生人採取開放、友善的態度並不罕見。菲利浦港是個涵蓋墨爾本部分郊外灣區的行政區，當局請志工調查民眾多常向擦肩而過的路人微笑。然後，設立類似速限的路標，告知路人他們走進了「每小時微笑十次特區」。

這是無意義的胡鬧？浪費納稅人的錢？珍娜．波利索（Janet Bolitho）市長表示，設立路標是嘗試鼓勵民眾走在街上時，向鄰居與陌生人微笑或說「逆好」（標準的澳式招呼）。她補充，微笑讓民眾感覺彼此親近又安全，因而減少對犯罪的恐懼——這是決定許多社區生活品質的重要因素。

為了讓居民認識彼此，市政府也舉辦街頭派對。細節由在地人決定，但是提供舉辦建議，市政府出借烤肉工具與陽傘，負擔公共安全保險。許多住在同一條街上的多年鄰居，是在街頭派對上初次認識。

這一切都是衡量市內生活品質改變的大規模計畫的一部分，以便讓市議會瞭解是否把社區帶往預期的方向。市議會希望菲利浦港不僅在環境方面是個永續社區，還包括社會公平、經濟能力與文化活力。

菲利浦港很認真要當個全球好公民。該市不將私家車擁有率看成是繁榮指標，反而主張減少汽車數量（並提升公共運輸使用率）是降低溫室氣體排放的進步指標，同時鼓勵更健康的生活方式，讓民眾更傾向步行或騎單車。市政府也尋求比較具有能源效率的新建築設計。

有些地方政府認為他們的角色是提供收垃圾、道路維護等基本服務，當然，也收稅做這些事。也有一些政府會促進區域經濟，鼓勵產業進駐，藉以增加工作機會與地方稅收。菲利浦港市政府採取更廣泛、更長遠的觀點。它希望住在這社區裡的人，在目前這個世代凋零後，仍有同樣機會擁有現今居民的生活品質。為了保護生活品質，必須能夠衡量各種有幫助的層面，其中之一就是友善。

對許多國家與地方政府而言，防止犯罪的優先度遠高於鼓勵友善和合作。但是，如同倫敦政經學院理查．雷亞德教授在近作《快樂經濟學》（*Happiness: Lessons from a New Science*）中主張，促進友誼通常容易又廉價，對民眾的快樂可能大有助益。那為何不該是公共政策焦點呢？

微小的正面體驗讓人不只自我感覺良好，也更願意幫助他人。一九七〇年代，美國心理學家愛麗絲．伊森（Alice Isen）與寶拉．列文（Paula Levin）的一項實驗請受測者打電話，其中一些隨機挑選的人發現前一個人留下的一角硬幣，另一批人則沒有。然後，所有受測者都有機會幫一名婦女撿起她故意在他們面前掉落的文件夾。

伊森與列文宣稱，發現硬幣的十六人之中有十四人幫助了婦女，而沒發現硬幣的二十五人之中，僅一人出手幫她。進一步的研究發現，寄出遺留在電話亭內、有地址信函的意願也有類似的差異：發現硬幣的人比較願意幫忙寄信。

雖然稍後的研究對如此戲劇性的差異有所懷疑，好心情會讓人自我感覺良好且較願意助人，則是無庸置疑。心理學家稱之為「善意的光芒」。做點小事就可能產生這種光芒，那為何不該是政府的角色之一？

這裡有個成功的指標：過去一年半以來，民眾在菲利浦港向人微笑的比例已從八％提高到一〇％。

摘自「評論彙編」，二〇〇七年四月十六日

# 無論如何都幸福

海莉葉・麥克布萊德・強森，1957–2008

我是在二〇〇一年春天認識海莉葉・麥克布萊德・強森（Harriet McBryde Johnson），當時我去查爾斯頓學院演講。由於她的招牌南方禮節，如果你沒準備好一看到她就閃，就必須準備好握手，於是當我伸手時，她從電動輪椅上伸出右手三根還能動的手指握手。她補充說她是以「Not Dead Yet」支持者的身分來聽我演講，那是一年半前封鎖普林斯頓大學拿梭廳，抗議我被任命為生物倫理學教授的殘障人權組織。我說我期待這次有趣的交流。

我的演講〈重新思考生與死〉，是為引發激烈反對的立場辯護。我指出，醫師們習慣撤掉嚴重殘障新生兒的維生系統，我主張，當小孩有嚴重殘障，讓家人認為結束其生命對小孩或家人最好，這跟允許父母和醫師諮商後決定，差不了多少。

我講完之後，天生有肌肉萎縮症的強森說話了。她指出，我剛才說她的父母應該被允許在她出生不久後殺掉她。但她現在是律師，跟任何人一樣享受生活。她說，認為人生有殘障就比較不值得活是錯誤的。

我們在演講廳裡持續交流觀點幾分鐘，之後又以電子郵件繼續。幾年後，我讀到她的自傳《來不及夭折》（*Too Late to Die Young*）時，我並不驚訝看到她列舉的人生樂趣之一是「用力爭吵」。

翌年，我邀請她到普林斯頓向我教的一大群大學生演講。她接受的條件是避免在公開場合直稱彼此的名字；我們通電子郵件時，已經習慣採用我的澳洲作風，直呼名字。她也不願意接受「辛格教授」與「強森女士」這些稱謂暗示的不平等。我同意她可以稱呼我辛格先生。

二〇〇三年，她為《紐約時報雜誌》（*New York Times Magazine*）撰寫令人難忘的封面專題〈無法言喻的對話〉，她在文中描述了那次普林斯頓之行。她的文筆很美，記憶力驚人（當時她沒有做筆記），而且對我大方的程度遠超過我的合理預期，畢竟我質疑過她的存在權利。她甚至認為我是個好同伴，我對她也有同感。

她演講完畢，我安排她跟一群定期聚會、討論倫理問題的大學生用晚餐。我坐在她右手邊，偶爾她會要我把東西移到她拿得到的位置。有一次，她的右手肘滑掉，因為她無法挪回去，便請我抓住她的手腕往前拉。我照做，然後她又可以用叉子搆到餐點了。這事我沒想太多，但她告訴殘障運動的一些朋友之後，他們覺得叫我幫她簡直嚇人。我很高興她毫不介意請我幫忙。這代表她不只把我當「敵人」，也是能夠產生人性互動的正常人。

我的學生談論強森的來訪之事談了很久，我們的對話也教我難以忘懷。她的人生顯然過得很好，不只對她自己而言，因為她的法律工作和代表殘障人士的政治活動也對其他人很有價值。我知道調查顯示，殘障人士對自己的生活滿意度，跟沒有殘障的人差不多。有長期殘障的人是向下調整了自己的期待，所以比較能夠妥協？或者一旦我們習慣了，即使更嚴重的殘障也不影響我們的幸福？

接下來的六年，我們零零星星互通電郵。如果我寫到或談到殘障議題，她會寄給我她的評論，接著是一連串頻繁的電郵往來，至少釐清我們不同意哪些論點。我曾試圖說服強森，她對嚴重智能殘障人類的權利的認定，暗示我們也該如此看待動物，因為牠們同樣或經常比她捍衛權利的人士更加享受生活。她不反對這個論點，但覺得她有太多議題要處理，不想捲入新的領域。我們發現在宗教議題比較容易有同感，因為我們都沒信教，也不喜歡小布希任內的國家走向。

根據她姊妹貝絲說，死亡讓海莉葉最擔心的是「爛人會怎麼說她」。果不其然，向她致敬的評論中，有幾條說她現在可以在天堂的草原上跑跳了——這是雙重侮辱，首先強森不相信死後有來生；其次，為何假設要享天堂的至福，需要能夠跑跑跳跳？

摘自《紐約時報雜誌》，二〇〇八年十二月二十八日

# …關於政治…

# 邊沁的謬誤，過去與現代

一八〇九年，功利主義的創始人傑瑞米．邊沁開始撰寫《謬誤之書》（*The Book of Fallacies*）。他的目標是拆穿用來阻擋改革的謬誤論點，如廢除「爛選區」（rotten boroughs），選民少到強大的貴族或地主可以有效挑選國會議員的選區，然而曼徹斯特之類的新興城市卻無人代表。

邊沁收集謬誤的例子，經常出自國會辯論。到了一八一一年，他整理出將近五十個不同類型，還取了標題，如「攻擊我們就是攻擊政府」、「史無前例的論點」、「理論很好，實務行不通」（康德和邊沁都同意的一點就是最後這一類例子是謬誤：如果一件事在實務上行不通，理論上必然有缺陷）。

邊沁因此成為近年來有可觀進步的科學領域的先驅。他會相當欣賞心理學家的研究顯示我們有確認偏誤（我們會偏好並記得支持我們信念的資訊，而非違反我們信念的資訊）；我們系統性地高估自身信念的正確性（過度自信效應）；還有我們傾向回應某個可識別的個人的苦難，而非只有統計數字的一大群人的苦難。

邊沁沒有急著發表他的研究。一八一六年，有個摘要版本出現在法國，英文版則是在一八二四年出版，但是完整版停留在手稿形式，直到今年才由倫敦大學學院的菲利浦．蕭菲爾德（Philip Schofield）編輯，作為持續進行的邊沁大全集計畫的一部分出版。

邊沁指出的某些謬誤仍然經常出現，而其他的較無關緊要。「祖先的智慧」謬誤經常發生在同性婚姻的辯論中。熟悉美國政治討論的人，立刻會認出「祖先的智慧」謬誤的特定版本，可稱作「開國元勳的智慧」謬誤。

另一個在邊沁的時代和現代都很常見的謬誤，是他所謂的「什麼？更多職缺？」謬誤。這裡的「職缺」指的是政府支出，他認定這是謬誤，因為全面反對更多政府支出，並無法計入額外雇員能達成的好處。

然而，真正挑戰現代讀者的「謬誤」，是現代即使最高教育程度、最聰明的圈子都廣泛接受的論點。其中一種，用邊沁的話，可說是不協調的並置：「或許可稱作無政府鼓吹者謬誤，或人權謬誤。」

當人們主張反對某提議的基礎是它違反「人的權利」，或者以我們現代的說法「人權」，邊沁聲稱，他們是用含糊的通則，誤導我們不去評估該提議的效用。邊沁接受，法律授予民眾某種權利可能對社群有利。他主張，讓我們更接近無政府狀態的威脅是，我已經擁有某些無涉法律的權利的觀念。功利原則雖然呼籲質疑與爭辯，邊沁認為鼓吹這類先天權利的人藐視這兩件事，而且很可能煽動民眾使用暴力。

經常有人引述邊沁反對「自然權利」。比較少被討論的是他所謂的「子孫萬代的設計」。有個例子是英格蘭與蘇格蘭的合併法案，規定英國後代所有君主都要宣誓維護蘇格蘭教會與英國國教。如果未來世代覺得自己受到這種條款拘束，邊沁認為他們就是被早已死掉的暴君奴役了。

邊沁反對這種拘束後代的企圖，不只適用於締造英國的合併，也適用於創造美國的行為：現今世代為何應該自認受到幾百年前決定的東西拘束？不像美國憲法的設計者，我們已經有幾百年的經驗來判斷憲法是否「促進全民福祉」。

如果有，我們有很多理由維護它；但如果沒有，我們沒有權力和權利改變如今統治我們的安排，正如當初設計的先賢們必須推翻體制嗎？如果我們有，讓憲法這麼難以修正的條款，為什麼應該拘束大多數選民？

兩個以上原是主權國家的政體合併時，邊沁在意的是，要如何向較小國家保證，不受較大的國家打壓。因為他認為不可能綁住後代的手腳，他相信的是，同在一個政府底下之後，遲早「兩個社群會融合為一體」。

蘇格蘭與加泰隆尼亞的民眾支持獨立，顯示兩邊未必會融合。當然，邊沁會接受自己可能錯了。畢竟，「權威崇拜者論點」也是他拒斥的謬誤之一。

摘自「評論彙編」，二〇一五年八月十二日

# 開國元勳的財政危機

美國人喜歡用虔敬的語氣高談「開國元勳的智慧」，開國元勳指的是寫出美國憲法的那群人。但是眾議院一向用來讓政府（至少其中比較非核心的業務）停擺的方式，讓開國元勳們顯得相當愚蠢。

財政危機的基本成因在於開國元勳相信權力分立的教條。這個教條一直有哲學上的爭議。

霍布斯在英國內戰期間寫作，反對權力分立，認為只有強大統一的中央政府能確保和平。至於洛克，他比較關心的是制衡君主權力，認為立法與行政權分立是辦法之一。

美國革命者反抗他們認定的喬治三世暴政之後，希望確保這樣的暴政不會再出現在他們建立的新國家。因此，他們把權力分立的教條寫進了憲法。

結果呢，美國總統和內閣官員都不是立法人員，立法機構多數決也不能把他們趕下台。同時，立法機構控制了預算與政府舉債的能力。陷入僵局的可能性顯而易見。

我們可能以為開國元勳們有些功勞，因為美國政府從未演變成暴政。但是同一句話也適用於英國政府，即使他們沒有憲法規定立法與行政權之間的權力分立。事實上，他們根本沒有成文憲法。

像澳洲、紐西蘭和加拿大等前英國殖民地也沒有演變成暴政。但是相較於美國，這些國家的總理與內閣官員都是國會議員，政府掌權的期限只限於他們保有國會下議院（或者，在紐西蘭只有單一國會）大多數議員的信任。如果國會否決政府運作行政權需要的預算，政府便會垮台、被新政府取代，或許在看守內閣的基礎上提早舉辦選舉。

由於美國憲法的基本缺陷，看似不可能的不是眼前的危機，而是立法與行政權之間的這種僵局居然沒有更常製造混亂。這證明了，大多數美國國會議員都有常識，而且為了避免對國家造成嚴重傷害，他們願意妥協。意思是，直到目前為止。

美國的憲法修正案必須被四分之三的州認可，意思是，目前現實上看起來沒有指望修改憲法，好克服可能造成目前危機的缺陷。但另一個造成現今美國政壇強烈黨派本質的因素，可以不必靠修憲就改變。我們只要問，為何許多在眾議院投票強迫政府關閉的共和黨員，不擔心他們的戰術（無疑會傷害他們的許多選民）會在選舉時造成反挫，就能充分掌握這個問題。

答案是，眾議員的選區被任意改劃的程度，在大多數其他民主國家公民看來都會認為荒誕不經。這是因為劃分選區的責任通常落在州議會身上，掌控的黨派可以照自己的利益自由劃分。現在，共和黨掌控了大多數州議會，他們即使沒有大多數美國民眾支持，也能贏得眾院多數席次；在二〇一二年的國會選舉中，全國民主黨候選人得票數還比共和黨多了一．四%。

美國選區的胡亂劃分，不僅意味著眾議院不是全體人民的代表，也意味著許多現任者不怕在選舉中失去席次。真正的危險（尤其在共和黨內）主要來自比現任者更右派的那些人。被看成溫和派就有失敗的風險，並不是輸在全體選民的選票，而是輸在共和黨的初選。黨內最狂熱支持者的高出席率，會帶給他們不成比例的影響力，左右提名結果。

你可能想像兩黨各自的冷靜派會理解，「設立公正的委員會，公平劃分所有眾議員選區，才符合美國利益」，因此達成協議。這樣的安排在憲法上並沒有障礙。然而，在美國目前政治偏激化的環境中，這種結果幾乎像修憲防止眾議院否決政府治理所需的預算一樣，是不可能了。

摘自「評論彙編」，二〇一三年十月二日

# 為什麼要投票？

身為澳洲公民，我在最近的聯邦選舉中投了票。大約九五％澳洲登記選民也投票了。這個數字跟美國的選舉形成強烈對比，二〇〇四年總統大選投票率只勉強超過六〇％。在總統任期的期中國會選舉，通常只有不到四〇％的合格美國選民會去投票。

這麼多澳洲人去投票是有理由的。一九二〇年代，投票率低於六〇％，國會便把投票強制化。從此以後，雖然歷經不同政治屬性的政府，沒人認真試過廢除這條法律，因為民調顯示大約七〇％人口仍然支持。

沒投票的澳州人會收到詢問信。沒有像生病或出國等正當理由的人，必須付一小筆罰款，但是被罰人數不到合格選民的一％。

實務上，強制的不是投下有效票，而是去到投票所報到，把選票放進票匭裡。祕密投票不可能防止民眾在選票上亂寫或投空白票。強制投票的國家雖然廢票率稍高，但不至於影響實際的投票率。

強制投票並非澳州獨有。比利時和阿根廷較早引進，許多其他國家也實施，尤其中、南美洲，不過懲罰和強制力各有差異。

因為澳洲選舉時我人在美國，不必強制投票。我有很多理由希望霍華德（John Howard）的保守黨政府敗選，但那無法解釋我為何不辭麻煩去投票，因為我的一票會扭轉局勢的可能性微乎其微（果然不出所料，沒影響）。

自願投票時，選舉結果由任一人的選票決定的機率極低，連最小的成本（例如走到投票所、排隊等候、投下一票的時間）都足以讓投票顯得不理性。但若是很多人有這種想法，不去投票，少數的人口就能決定國家的未來，讓大多數人不滿。

波蘭最近的選舉史就是一個例子。二〇〇五年全國大選中，合格選民中僅四〇％投票，是共產時代之後、舉辦自由選舉以來最低的投票率。結果，即使在三千萬的合格選民中只獲得六百萬票，卡辛斯基（Jaroslaw Kaczynski）仍得以靠取得國會多數席次的多黨聯盟的支持，當上總理。

短短兩年之後，卡辛斯基被迫再次投入選舉，顯然許多二〇〇五年沒投票的人對結果很不滿意。投票率提升到將近五四％，尤其是年輕與高教育程度選民增加。卡辛斯基政府遭到慘敗。

如果我們不希望少數人決定我們的政府，我們會偏好高投票率。但因為自己的一票對結果影響這麼小，每個人仍然面臨搭便車的誘惑，懶得去投票，同時盼望有夠多其他人投票，維持民主活躍，選出一個符合大多數公民期待的政府。

但是投票的理由有很多。有些人投票是因為他們喜歡投票；若不投票，省下時間也沒別的事好做。有些人的動機則出自公民義務感，並不以自己一票的可能影響來評估投票的合理性。

還有些人投票，並不是因為想像自己能決定選舉結果，而是他們像足球迷一樣，想為自己的隊伍加油。他們投票可能是因為若不去投，要是以後不喜歡當選的政府，就沒立場抱怨了。或者，他們可能盤算自己選票決定結果的機率只有幾百萬分之一，結果是如此重要，即使微小的機會都足以超過投票的些許不便。

然而，如果這些考量都無法讓大家去投票，強制投票也是一種克服搭便車問題的辦法。不投票的小小成本讓大家去投票，同時建立一個社會規範，似乎很理性。澳洲人希望被強迫投票。他們樂意投票，知道別人也會去投。擔心低投票率的國家，最好考慮一下澳洲的強制投票模式。

摘自「評論彙編」，二〇〇七年十二月十四日

# 言論自由、穆罕默德與猶太大屠殺

大衛．厄文（David Irving）因為否認猶太大屠殺，被奧地利政府定罪並監禁的時機實在糟透了。因為嘲弄穆罕默德的漫畫事件，敘利亞、黎巴嫩、阿富汗、利比亞、奈及利亞等伊斯蘭國家的抗議至少造成三十人死亡，緊接在後的厄文案判決，像在嘲弄民主國家宣稱言論自由是基本人權。

我們不能一直主張「漫畫家有權嘲弄宗教人物，但是否認猶太大屠殺存在應該入罪」。我認為我們應該支持言論自由。意思是大衛．厄文應該獲釋。

在你指控我不瞭解大屠殺被害者的敏感性或奧地利反猶太的本質之前，我必須說我是奧地利猶太人之子。我的父母及時逃離奧地利，但我的祖父母輩沒有。

我的祖父母及外祖父母被押解到波蘭與捷克斯洛伐克的猶太區。其中兩人被送到波蘭的洛茲，然後可能在海烏姆諾滅絕營用一氧化碳毒殺。一個病死在過度擁擠、缺乏糧食的特雷津猶太區。外祖母是唯一倖存的。

所以，大衛．厄文荒謬地否認猶太大屠殺，我並不認同，但他現在倒是宣稱那是一起錯誤。我支持防止納粹主義在奧地利或其他地方復活的努力。但是禁止否認大屠殺，怎麼可能幫助我們追求真理？如果還有些人瘋狂到否認猶太大屠殺發生過，他們會接受將表達此觀點的人囚禁起來嗎？正好相反，他們更可能認為他們被囚禁，是因為表達了無法單用證據和論點駁斥的觀點。

彌爾在為言論自由辯護的經典《論自由》中寫道，如果一個觀點不是「完整、經常與無懼地討論過」，就會變成「死的教條，而非活生生的真理」。猶太大屠殺的存在應該一直是活生生的真理，對懷疑納粹暴行程度的人，應該用證據去挑戰他們。

二次大戰結束後，當奧地利的民眾掙扎著重建自己的民主制度，作為暫時的緊急措施，奧地利民主派壓制納粹思想和宣傳是合理的。但是那樣的危險早已過去。奧地利是民主國家，也是歐盟成員。雖然反移民，甚至種族歧視的觀點偶爾會復活（很遺憾，這不只發生在有法西斯歷史的國家），奧地利已不再有納粹復活的嚴重威脅。

相形之下，言論自由對民主政權很重要，而且必須包括發表公認的不實言論，甚至許多人認為是冒犯性言論的自由。我們必須能夠自由否認上帝的存在，批評耶穌、摩西、穆罕默德和佛陀的教誨、白紙黑字被千百萬人視為神聖的東西。少了這個自由，人類的進步永遠會遭遇一個基本路障。

歐洲人權與基本自由大會宣言第十條言明：「人人皆有自由表達的權利。此權利應包括主張言論與接受、分享資訊、觀念的自由，不受公共權威的干涉，亦不該有範圍限制。」為了符合這條清楚的宣言，奧地利應該廢止反對否認大屠殺的法律。像德國、法國、義大利和波蘭等其他有類似法律的歐洲國家，也應該比照辦理，同時持續或加強努力，告知民眾大屠殺真相，為何應該拒斥導致大屠殺的種族歧視意識形態。

在煽動意圖是（或可以合理預見是）造成暴力或其他犯罪行為的情況下，反對煽動種族、宗教或國籍仇恨的法律又另當別論，也完全不違反維護任何觀點的表達自由。

唯有釋放大衛．厄文，歐洲人才有可能轉向伊斯蘭抗議者說：「無論是冒犯穆斯林、基督徒、猶太人或任何人，都公平適用於言論自由的原則。」

摘自「評論彙編」，二〇〇六年三月一日

# 宗教自由的善用與濫用

宗教自由的適當界線在哪裡？荷蘭動物黨的黨魁瑪麗安・席姆（Marianne Thieme）提供了這個答案：「宗教自由的界線在人類或動物開始受苦之處。」

動物黨是全世界唯一進入國會的動物權益政黨，曾經提案立法規定所有動物宰殺前必須先電暈。伊斯蘭和猶太領袖認為此案威脅到他們的宗教自由，起而聯手反對，因為他們的教義禁止食用非清醒狀態下宰殺的動物。

荷蘭國會給這些領袖一年的時間，證明他們宗教預設的動物屠宰方式不會比先電暈再屠宰造成更多痛苦。如果他們做不到，這項立法就會實施。

同時在美國，天主教的主教們宣稱歐巴馬總統規定所有大型雇主，包括天主教醫院和大學，提供員工包括避孕方式的健保，侵犯了他們的宗教自由。還有在以色列，極端正統猶太教解讀了猶太律法，認為教義禁止男人碰觸非親戚或配偶的女人，所以希望分隔公車上的男女座位，並阻止政府讓全職宗教學生（二〇一〇年有六萬三千人）不再豁免服兵役的計畫。

當民眾被禁止信奉他們的宗教（例如用法律禁止特定的膜拜方式），無疑是侵犯了他們的宗教自由。宗教迫害在幾百年前很常見，現今在某些國家仍會發生。

但是禁止儀式性宰牲並未阻止猶太人或穆斯林信奉他們的宗教。辯論動物黨的提案時，荷蘭的猶太教領袖雅各斯（Binyomin Jacobs）導師告訴全體國會議員：「如果再也沒人能在荷蘭執行宰牲儀式，我們就不再吃肉。」當然，如果你堅信的宗教所規定的動物宰殺方式，無法比現今的技術更人道，就該這麼做。

伊斯蘭或猶太教都沒有必須吃肉的規定。我的意思不是呼籲猶太人和穆斯林去做超出我個人為了倫理的理由，持續四十多年的選擇。

將合理維護宗教自由的範圍，限制在否決那些阻止人們信奉其宗教的提案，就可能解決許多其他宣稱侵犯到宗教自由的爭端。例如，允許男女坐在公車上任何座位，並不違反極端正統派猶太教的宗教自由，因為猶太律法沒有要求你使用大眾交通工具。那是你可以放棄的便利。極端正統派猶太人幾乎不會認為他們信奉的律法，用意是帶來生活上最大的便利。

同樣地，歐巴馬政府規定提供包含避孕方式的健保，並未阻止天主教徒信奉自己的宗教。天主教沒有強迫信徒經營醫院和大學（政府已經豁免了教區和主教轄區，因此對信奉宗教自由很重要的核心機構和外圍機構，劃出明確的區隔）。

當然，天主教會可想而知很不願意放棄它的廣大醫院和大學網絡。我猜想，他們這麼做之前，會逐漸認定健保中關於避孕項目的條款，不違背他們的宗教教誨。但是，如果教會做出相反的決定，把醫院和大學移交給願意提供這種保險的單位，天主教徒還是可以自由膜拜並遵守自己宗教的教誨。

宗教豁免服兵役可能比較難以解決，因為某些宗教傳授和平主義。這個問題的對策通常是提供不比兵役輕鬆（以免這類宗教光靠這一點來吸引信徒），但是不用戰鬥或殺人的替代役。

不過，猶太教不是和平主義者，所以照例，不涉及宗教自由的問題。極端正統派希望豁免那些把時間用來研讀《摩西五經》的人，其立論基礎是，研讀宗教經典跟服兵役對以色列的福祉一樣重要。因此提供非戰鬥役的選項不會解決這個爭議，除非服役內容包括研讀《摩西五經》。但是以色列世俗化的多數人民沒有理由認為，擁有幾萬名極端正統派學者研讀聖經，會為國家帶來任何助益，何況這一定比兵役來得輕鬆。

不是所有的宗教與國家衝突都很容易解決。但是目前在不同國家造成爭議的上述三個問題，其實無關信奉宗教的自由。這暗示宗教自由的訴求被濫用了。

摘自「評論彙編」，二〇一二年六月十一日

**後記：**雖然荷蘭下議院壓倒性通過了禁止儀式性宰牲的提案，上議院卻駁回。結果由政府調解出一個荷蘭式妥協，解決了這個問題：儀式性宰牲可以繼續，但必須有獸醫在場，如果動物被割斷喉嚨四十秒後還有知覺，就必須將之電暈。

二〇一四年，美國最高法院裁定，「可負擔醫療法案」中關於避孕方式的規定，違反了以宗教原則經營的「非公開上市」營利企業的宗教自由。這項判決不適用於天主教醫院，但是在二〇一五年十一月，最高法院同意考慮由修女教派安貧小姊妹會（the Little Sisters of the Poor）提出、對健保避孕規定的新挑戰。在撰寫本文時，此案尚未做出任何判決。

在以色列，雖然高等法院說過，強迫婦女在公車上分開坐是違法的，許多極端正統派聚集區的公車上，還是有「自願」隔離的座位。不過，這種隔離實際上有多少自願成分，令人質疑，因為不坐在女性專區的女性會被騷擾，正統派男士也會佇立在公車門口，不讓它開走。

# 誠實的人？

前任總統的演講撰稿人大衛．佛倫（David Frum）在滔滔不絕回憶小布希總統時，告訴我們他的老闆「譴責政客的微小虛偽」。例如，我們聽說，當他被要求準備隔天的廣播錄音時，他會念著「今天我在加州」，隨即突然中斷，氣憤地說：「可是我又不在加州。」佛倫認為這有點賣弄，但是認定這是總統品德的象徵，「全國都可以相信布希政府不會欺詐或說謊。」

現在看來佛倫可是錯得離譜了。

布希可能天真地認為，當他在華府預錄演講時，說他在加州是說謊，所以是錯的。但是關於伊拉克的大規模毀滅性武器，他無法看出誤導國家與全世界有什麼嚴重錯誤。如同我們所見，白宮是根據高度選擇性的證據檔案決定開戰，小布希發表聲明，伊拉克企圖向非洲採購鈾，即使他和幕僚明知這項消息若非錯誤，也相當可疑。

當有人問起，購鈾的說法怎麼可以留在小布希的國情咨文演講中，國安顧問萊斯（Condoleezza Rice）和國防部長倫斯斐（Donald Rumsfeld）都主張那不是謊話。他們的想法顯示他們跟總統一樣，對於何謂說謊只有幼稚的字面概念。

布希的實際措辭如下：「英國政府得知薩達姆・海珊（Saddam Hussein）最近向非洲尋求大量的鈾。」布希的聲明這麼寫是因為中情局反對最初的版本，平鋪直述說薩達姆・海珊想要向非洲買鈾。白宮幕僚和中情局討論之後建議改寫句子，說英國反映薩達姆・海珊試圖向非洲買鈾。

這在字面上沒錯，因為英國人確實反映了此事。然而這是誤導，因為中情局告知過英國人他們的資訊不可靠。小布希只提到英國的說法，這是萊斯和倫斯斐為它辯護的基礎。萊斯說：「布希的聲明其實是正確的。英國政府確實這麼說過。」倫斯斐則說，布希的說法「技術上正確」。

其實，即使單就字面解讀，小布希的說法也不正確。布希不是只說英國人「反映」伊拉克想要向非洲買鈾，而是說英國人「得知」此事。說某人得知某事，等同於背書他們說他們得知的事情是真的。試想假若英國人說薩達姆・海珊是個愛好和平的人，即將把民主引進國內。布希會說英國人得知此事嗎？

除了將小布希的說法合理化為「技術上正確」的薄弱企圖，比較嚴肅的指控是，即使小布希的聲明在技術上真的正確，仍是設計來誤導世人，以為伊拉克嘗試在非洲買鈾。小布希和他的幕僚有充分的理由相信那不是真的。

小布希總統在此事公開後的回應，顯示他只專注於瑣事，對重要大事卻抱持道德魯莽的態度。面對根據誤導性資訊開戰的嚴重性，有點道德敏感度的人都會採取適當的步驟。他會確保美國民眾知道錯誤如何發生，負責人也會面對高級官員嚴重誤判（就做最善意的解讀吧）後應當承受的後果。

但是小布希啥也沒做。問題被踢爆後，他的反應是譴責批評他的人是「修正派歷史家」，卻閃避他提供的資訊真偽與否的問題，主張除掉海珊是個好結果。然後，他說中情局澄清了他的演講，彷彿那樣他就沒責任了。中情局局長喬治・特內特（George Tenet）負起採用誤導性內容之責後，小布希說他對局長和中情局「絕對」有信心，而且考慮事情到此為止。

相信小布希誠實，讓許多選民在二〇〇〇年的總統大選中選擇他，而非高爾。認為「誠實」是影響如何選擇候選人的重要因素的選民，有八〇%說他們選了小布希。這些選民都討厭柯林頓，不只因為他跟白宮實習生莫妮卡・陸文斯基（Monica Lewinsky）有性關係，也因為事後說謊。

柯林頓對性行為說了謊，這無庸置疑，他這麼做是錯的。但他的謊話沒有讓國家陷入戰爭，耗損幾千條人命。小布希以過度字面的解讀誠實的要件，隱藏了深層的不誠實，其後果的道德嚴重性大多了。

摘自「評論彙編」，二〇〇三年七月三十日

# 公民權是權利嗎？

你的政府應該有剝奪公民權的權力嗎？

在英國，從一九一八年起，政府就有法定權威取消自然人的公民權。但是，二〇〇五年倫敦交通系統發生恐攻炸彈案之前，這項權力很少行使。從那之後，英國政府撤銷了四十二個人的公民權，包括二〇一三年的二十個案例。英國內政部長文翠珊（Theresa May）說過公民權是「特權，不是權利」。

那四十二個人大都有雙重國籍。但是穆罕默德・薩科（Mohamed Sakr）沒有。他的父母從埃及移民英國，但他不是埃及公民。所以，剝奪他的公民權之後，英國政府害他變成無國籍。

薩科從他現居的索馬利亞上訴反對這項決定。他的立場很有利，因為英國最高法院後來在另一個案子判決政府沒有權力讓人變成無國籍。然而，薩科放棄上訴，顯然他擔心使用手機會讓美國情報單位找到他的位置。幾個月後，他仍住在索馬利亞時，被美國的無人機攻擊殺死。

現在，不少人害怕在敘利亞參戰的英國人可能回國執行恐怖行動。為了回應這種恐懼，政府提案立法，准許它撤銷涉嫌參與恐怖活動的英國自然人的公民權，即使這會讓他們變成無國籍（從今年初開始，四十幾個英國人因為涉嫌在敘利亞參加軍事活動被捕）。下議院在一月通過立法，但是上議院在四月投票移交給聯合委員會額外研議。

在美國，公民權只能在限定的基礎上撤銷，例如申請公民權過程欺詐不實或在外國軍隊服役。爭議的是，加入對美國有敵意的恐怖組織其實比加入外國軍隊更糟，因為恐怖組織更有可能傷害平民。

但有個重要差別是，如果加入外國軍隊的人失去美國公民權，他們應該會成為所效力國家的公民。恐怖組織通常跟任何特定政府沒有這種關係。

一九六一年聯合國的「減少無國籍狀態公約」（Convention on the Reduction of Statelessness），英國也是簽署國。公約允許各國如果證明有人做了「傷害國家重大利益」的事，可以宣告其公民權喪失。目前英國國會處理的立法並未規定，「某人身在國內無助於公眾利益」這種最薄弱的說法，也要有司法上或公開的證據。

萬一公民權被撤銷的人上訴，政府也沒有義務向上訴人公布它決策依據的證據。雖然政府在這種案子必定偶爾犯錯，法官或法院將無法探查他們眼前的證據。另一個更凶險的可能性是故意濫用此權力，驅逐身在國內會造成政府不便的公民。

目前有一個強烈要求建立上訴體系的情況，得以完整公平地檢討撤銷公民權的決定是否合理。但政府會回應，讓證據呈現在據信涉及恐怖組織的人面前，可能洩漏情報來源和方法，因而危害國家安全。

不公開提出任何證據就撤銷公民權的能力，是政府偏好這種逮捕與審判恐怖嫌犯程序的可能理由之一。但是單純撤銷公民權，不會解決恐怖嫌犯仍然在逃的問題，除非像薩科一樣被殺掉，否則之後他仍可能在別處執行攻擊。

英國的立法提案引發一個更宏觀的問題：包含公民權的個人權利與公益之間，想要達到怎樣的平衡。假設政府依據涉及恐怖活動的嫌疑，撤銷民眾的公民權，每二十次有十九次做對了。如果英國政府在二〇一三年的決策也是這樣，還是有很高的機率，讓某個無辜的自然人公民被害得無國籍。那是很嚴重的不正義。

但是，假設被正確懷疑涉及恐怖活動的十九人能夠回到英國，其中一人執行了類似倫敦交通炸彈案的恐攻，殺了五十二位無辜民眾（四個炸彈客也死了）。面對如此暴行，很難堅持個人權利是絕對的。是讓一個無辜者不公正地喪失國籍，還是讓五十二位無辜民眾被殺，以及許多人受傷比較好？

恐怖攻擊造成的更大傷害不能被忽略；但是當一個民主政府開始撤銷公民權、讓人民喪失國籍，就為想要以驅逐方式消滅異議人士的專制政權立下了前例。前蘇聯對待已故詩人及諾貝爾獎得主約瑟夫．布羅茨基（Joseph Brodsky）的方式，是眾多案例之一。目前尚無所謂的全球公民權，或許維持公民權未經司法聽證會不得撤銷的原則，還是比較好。

摘自「評論彙編」，二〇一四年五月六日

# 間諜遊戲

多虧愛德華・史諾登（Edward Snowden），現在我知道美國國家安全局在監控我了。它利用谷歌、臉書、威訊（Verizon）及其他網路跟電信公司來收集大量的數位資訊，無疑也包括我的電子郵件、手機與信用卡的使用資料。

我不是美國公民，所以這麼做完全合法。即使我是美國公民，很多關於我的資訊還是可能收集到，只是或許不是監控行動的直接目標。

我應該為如此侵犯我的隱私權生氣嗎？喬治・歐威爾（George Orwell）的《一九八四》世界推遲了三十年之後，終於來了嗎？老大哥在看著我嗎？

我不覺得憤怒。根據我迄今所知的範圍，我不太在乎。不太可能有人偷讀我的email或竊聽我的Skype電話。國安局收集的數位資訊數量，根本不可能做到那樣。

相反地，電腦程式搜尋出可疑活動模式的資料之後，情報分析師希望藉此找出恐怖分子。許多企業都會收集資料加以分析，好讓廣告更有效地瞄準顧客，或是提供我們最想要的網路搜尋結果。這個流程沒有什麼不同。

問題不在政府或企業收集什麼資訊，而是他們如何使用。舉例來說，如果有證據顯示美國政府用收集的私人資訊，勒索外國政客服從美國利益，或是這類資訊被洩漏給報社，以抹黑批評美國政策的人，我會非常憤慨。那才是真正的醜聞。

然而，如果沒發生過這種事，如果有有效的安全機制確保不會發生，那麼剩下的問題就是，這麼龐大的資料收集工程是否真的保護我們免於恐怖主義，我們的錢是否花得值得。國安局宣稱二〇〇一年以來，通訊監控預防了五十幾件恐怖攻擊。我不知道如何評估這個說法，或是我們能否用其他方法預防那些攻擊。

物有所值的問題就更難以評估了。二〇一〇年，《華盛頓郵報》寫了篇重大報導「最高機密的美國」。動用十幾名記者調查兩年之後，該報判定沒人曉得美國情報運作花了多少錢，甚至美國情報單位雇用了多少人。

當時，《華盛頓郵報》報導有八十五萬四千人持有「最高機密」的安全許可。現在這個數字據說成了一百四十萬人（這麼多人不免讓人懷疑，是否難以避免個人資料會被濫用於勒索或用作其他私人用途）。

無論我們認為國安局的監控計畫本身如何，美國政府顯然對事情被踢爆的反應過度了。他們撤銷了史諾登的護照，行文各國政府，要求他們拒絕他可能提出的庇護申請。最異常的是，美國政府似乎在幕後指使法國、西班牙、義大利和葡萄牙，拒絕讓玻利維亞總統莫拉里斯（Evo Morales）的飛機從莫斯科路過他們的領空飛回國，因為史諾登可能在飛機上。莫拉里斯最後只好降落在維也納，拉丁美洲的領袖同仇敵慨，視之為對他們尊嚴的侮辱。

支持民主的人在控告朱利安．亞桑奇（Julian Assange）、布萊德雷．曼寧（Bradley Manning）和史諾登這種人之前，應該努力深思。如果我們認為民主是好事，那我們必須相信，人民應該盡量多知道民選政府在幹什麼。史諾登說過，他公布內幕是因為「民眾必須決定這些計畫和政策是對是錯」。

他說得對。如果一個民主國家不知道這種計畫存在，要如何判斷是否應該有國安局正在進行的那種政府監控？確實，史諾登的洩密內容也揭露，在三月參議院情報委員會舉行的聽證會中，國家情報總監詹姆斯．克拉普（James Clapper）關於國安局監控行為的證詞，誤導了美國國會。

《華盛頓郵報》（加上《衛報》）出版史諾登提供的資訊後，詢問美國民眾支持或反對國安局的情報收集計畫。大約五八％受訪者表示支持。但是同一份民調發現，僅四三％

支持以揭露監控計畫起訴史諾登，同時有四八％反對。

民調也顯示，六五％的受訪者支持美國國會針對國安局監控計畫舉行公開聽證會。如果實現，我們會因為史諾登的爆料而掌握更多訊息。

摘自「評論彙編」，二〇一三年七月五日

# 史達林的銅像？

希特勒和史達林都是大規模殺人的殘暴獨裁者。雖然無法想像柏林或德國其他地方會有希特勒銅像，喬治亞共和國（他的出生地）各城鎮倒是修復了史達林的銅像，還有一座要豎立在莫斯科，以紀念所有蘇聯領導人。

態度的差異也延伸到這兩人統治過的國家之外。在美國，維吉尼亞州的國立諾曼第登陸紀念碑有一座史達林半身像。在紐約，最近我在一家擺滿蘇聯時代裝飾品的俄羅斯餐廳吃飯，女侍都穿蘇聯制服，還有一幅蘇聯領袖群油畫，史達林特別顯眼。紐約也有一家ＫＧＢ酒吧。就我所知，紐約沒有納粹主題餐廳；也沒有蓋世太保或黨衛軍酒吧。

那麼，為何史達林比希特勒相對可以接受呢？

在上個月的記者會，俄國總統普丁（Vladimir Putin）企圖合理化。被問到莫斯科給史達林立銅像的計畫時，他指向十七世紀英國內戰中的議會黨領袖克倫威爾（Oliver Cromwell），問道：「克倫威爾和史達林實際上有多少差別？」他自問自答：「一點也沒有。」接著形容克倫威爾是「在英國歷史上扮演很含糊角色」的「狡猾傢伙」（倫敦的下議院外面有一尊克倫威爾銅像）。

「含糊」對於克倫威爾行為的道德性是個合理形容。他雖然促成了英國的國會統治，終結內戰，允許某種程度的宗教包容，卻也支持審判與處死查理一世，殘暴地征服愛爾蘭，以回應愛爾蘭天主教徒與英國保皇黨聯手的潛在威脅。

但跟克倫威爾不同的是，除了戰爭或軍事行動，史達林殺害了大量的平民。根據《血色之地》（*Bloodlands*）的作者提摩西・史奈德（Timothy Snyder）的說法，有兩、三百萬人死在古拉格的勞改營裡，可能有一百萬人在一九三〇年代後期的白色恐怖時期被槍斃。另有五百萬人在一九三〇到三三年的饑荒中餓死，其中三百三十萬是烏克蘭人，因為他們的國籍或相對富裕的富農（kulak）地位，才被政策蓄意整死。

史奈德估計史達林殺害的總人數，沒有計入那些活著逃離勞改營或千辛萬苦流放邊疆的人。若納入他們，在史達林暴政下受盡苦難的人，可能還要加上多達兩千五百萬人。史奈德歸咎於史達林的死亡總數，比起經常引用的兩千萬人低，但這是歷史學家接觸到蘇聯檔案之前的估計。不過仍然是個駭人的數字，規模類似納粹的屠殺（發生在較短的期間內）。

此外，蘇聯檔案顯示，你不能說，因為納粹屠殺的受害者是依據他們的種族或國籍，就比較惡劣。史達林也據此挑選了一些被害者：不只烏克蘭人，還有蘇聯邊陲共和國的少數民族。史達林的迫害也針對不成比例的大量猶太人。

史達林沒有毒氣室，殺人的動機也疑似不是想屠殺，而是恫嚇與鎮壓在他統治下真實或幻想出來的反對者。那不是發生大規模殺人與囚禁的藉口。

如果史達林的道德紀錄有任何「含糊」，或許是因為共產主義吸引了我們某些人的高貴本能，尋求眾人平等與終結貧窮。納粹主義就沒有這種普世的渴望，即使在表面上，它也不在乎什麼對全體人民最好，而是什麼對一個假設的族群最好，動機顯然是對其他族群的仇恨與蔑視。

但是史達林統治下的共產主義與平等主義正好相反，把絕對權力交給少數人，否定多數人的所有權利。為史達林名聲辯護的人，推崇他讓幾百萬人脫貧；但是不靠殺害與監禁，也能讓幾百萬人脫貧。

其他人之所以認為史達林偉大，依據的是他擊退納粹侵略、最終打敗希特勒的角色。但史達林在白色恐怖時期整肅軍中領袖，大幅削弱了紅軍，一九三九年他簽署「德蘇互不侵犯條約」，為二次大戰爆發鋪了路，而且在一九四一年忽視納粹威脅，讓蘇聯毫無準備去抵抗希特勒的進攻。

史達林帶領他的國家打贏了戰爭，並取得前所未有的全球強權地位，然後衰落，這是事實。對比之下，希特勒讓他的國家崩毀、被占領，然後瓜分。國力最強盛時，民眾會認同國家並崇拜那些領導人。這或許能解釋俄國人為何比較願意接受史達林銅像，而德國人不接受希特勒銅像。

但那應該只是兩大殺人魔獲得不同待遇的部分原因。我對紐約的蘇聯主題餐廳和KGB酒吧，仍然大惑不解。

摘自「評論彙編」，二〇一四年一月九日

# 我們該讚揚種族歧視者嗎？

上個月，在我的實用倫理學課堂上，幾個學生站起來走出教室。他們與另外數百人加入由黑人正義聯盟（Black Justice League, BJL）領導的抗議。二〇一四年八月，密蘇里州佛格森鎮發生麥可．布朗（Michael Brown）被殺案，以及後來警方殺害無武裝非裔美國人的案件，讓全美國出現眾多學生團體，黑人正義聯盟是其中之一。

當天稍後，黑人正義聯盟成員占領了普林斯頓大學校長克里斯多夫．艾斯格魯伯（Christopher Eisgruber）的辦公室，誓言除非他們的訴求被接受，否則絕不撤離。

這些訴求包括：對教師與非教職員工實施「文化能力訓練」；規定學生要上被邊緣化族群歷史的課程；還有在校園裡專為非裔美國人文化設立「文化認同空間」。

獲得全國矚目的要求，則是將該校的伍德羅威爾遜（Woodrow Wilson）公共與國際事務學院跟眾多宿舍之一的威爾遜宿舍改名。那座宿舍的餐廳裡有一大幅威爾遜的壁畫，黑人正義聯盟也希望移除。該聯盟表示，讚揚威爾遜冒犯了非裔美國學生，因為威爾遜是種族歧視者。

威爾遜於內政是個進步派，在外交政策則屬理想派。他的政府通過了反童工法律，給勞工更多的權利，並且改革銀行法、挑戰壟斷者。一次大戰結束後，他堅持外交政策要由道德價值主導，在歐洲鼓吹民主與民族自決。

但他的國內黑人政策是保守反動的。一九一三年，他當上美國總統，繼承的聯邦政府雇用了許多黑人，其中有些人跟白人一起擔任中階管理職位。在他的政府內，內戰後已廢止的種族隔離職場和廁所再度出現。非裔美國人經理被降調到較卑下的職位。黑人代表團抗議時，他告訴他們應該把隔離視為好處。

威爾遜的名號在普林斯頓到處可見，不只因為他是最有名的校友之一（又是唯一得過諾貝爾和平獎的校友）。也因為他當美國總統之前，是普林斯頓的校長，照伍德羅威爾遜學院的前院長安瑪莉・史洛特（Anne-Marie Slaughter）的說法，此人「或許比任何人都努力把普林斯頓從一所紳士專屬的預科學校，轉變成偉大的研究型大學」。

威爾遜曾提出「十四點原則」作為終結一戰的和約基礎，以此聞名於世。他呼籲讓奧匈帝國與鄂圖曼帝國的各民族自治，讓波蘭獨立。難怪華沙有一座威爾遜廣場，布拉格最大的火車站以他命名，在布拉格和布拉提斯拉瓦（斯洛伐克首都）都有威爾遜街。

十四點原則的條文還包括呼籲公開條約——不再用密約策畫在戰後瓜分另一個國家的

領土，並且降低貿易壁壘。或許最重大的是提議組成「一個各國的普遍組織……目的是提供不分大小的國家政治獨立與領土完整的相互保證」。

這個呼籲促使聯合國的前身國際聯盟成立，從一九二〇年到三六年間，總部設在日內瓦的威爾遜宮。該建築保留了這個名稱，現在是聯合國人權事務高級專員辦事處的總部。

歷史上不乏有嚴重瑕疵的人做出偉大的事。在美國，我們只需看看蓄奴的開國元勳如喬治・華盛頓、湯瑪斯・哲斐遜（Thomas Jefferson）及詹姆士・麥迪遜（James Madison）等早期總統。你可能會替他們主張，跟威爾遜相較，他們至少不比在他們時代盛行的標準糟糕。但那是繼續讚揚他們的足夠根據嗎？

紐奧良有一所學校的董事會認為並不足夠。採行決議後，校方宣稱學校不該以蓄奴者命名之後，便為喬治華盛頓小學改名，重新以一位努力廢除種族隔離輸血的黑人外科醫師命名。國家首都的名稱也應該重新考慮嗎？

哲學家艾尤梅・溫哥（Ajume Wingo）在《自由派民主國家的面紗政治》（*Veil Politics in Liberal Democratic States*）一書，描述了「政治面紗」如何模糊了政治體制的歷史細節，製造一種理想化的外表。同樣事情也發生在偉大（或沒那麼偉大）的政治領袖身上，他們成為灌輸民眾美德的象徵載具。

然而，隨著我們的道德標準改變，歷史人物的不同特徵變得比較重要，象徵可能發展出不同的意義。當一九四八年威爾遜的名字被套在普林斯頓的公共與國際事務學院上，還要七年才會發生羅莎．帕克斯（Rosa Parks）著名的公車事件，美國南方的種族隔離尚未遭到嚴重挑戰。這一切現在都難以想像。所以威爾遜的種族歧視變得更顯著，而他不再體現對今日普林斯頓大學重 要的價值觀了。

威爾遜對大學、美國與全世界的貢獻，不能也不該從歷史上抹殺。相反地，應該受到承認，以一種創造細緻對話的方式，討論改變的價值觀，包括他正面的成就，以及他對美國種族歧視政策和措施的貢獻。

在普林斯頓，這樣對話的結果應該是教育學生與員工，否則他們可能不知道校史上一個重要人物的複雜性（我自己當然受益了：我在普林斯頓任教十六年，也一向欣賞威爾遜的某些外交政策立場；但是多虧黑人正義聯盟，我才得知威爾遜種族歧視的事）。我們應有的對話的最終結果，很可能是承認把威爾遜的名字冠在學院或學校頭上，等於發出了錯誤代表該機構價值觀的訊號。

摘自「評論彙編」，二〇一五年十二月十一日後記：進行校園觀點的調查後，普林斯頓大學信託董事會認知威爾遜的種族歧視，但表決後，決定保留威爾遜學院與威爾遜公共暨國際事務學院的名稱。但威爾遜學院院長決定移除掛在宿舍餐廳牆面的威爾遜照片。

# ・・・全球治理・・・

# 逃離難民危機

七月，來到歐盟邊界的移民數量超過了十萬人，連續三個月創下新紀錄。八月的一週之內，兩萬一千名移民來到希臘。觀光客抱怨，他們規畫夏天度假的希臘小島這下成了難民營。

當然，難民危機的影響可嚴重多了。上星期，奧地利當局發現維也納附近有一輛被丟棄的匈牙利卡車上，裝著腐爛的七十一具難民屍體。今年還有兩千五百多名企圖移民者淹死在地中海，大多數想從北非前往義大利。

最遠跑到法國的移民住在加萊附近的帳篷裡，等待機會偷溜上貨運火車，經由海峽隧道前往英國。其中有些人也從火車摔死或被輾斃。

然而，歐洲的難民數量比起其他某些國家還算少的。德國接受的庇護申請遠超過其他歐洲國家，但是德國人口每千人就有六位難民的比例，還不到土耳其每千人二十一個的三分之一，而土耳其又不及黎巴嫩每千人有兩百三十二個難民。

二〇一四年年底，聯合國的難民機構難民署（UNHCR）估計，全世界有五千九百五十萬人被迫流離失所，是史上最高紀錄。其中，一百八十萬人在等候庇護申請的結果，一千九百五十萬人是難民，其餘則是在自己的國家裡流浪。

敘利亞、阿富汗與索馬利亞是難民的最大來源，但更多人來自利比亞、厄利垂亞、中非共和國、南蘇丹、奈及利亞與剛果民主共和國。在亞洲，緬甸被迫害的穆斯林少數民族羅興亞人是最近難民人數增加的主因。

我們無法苛責民眾想要離開衝突不斷的窮困國家，到別處尋求更好的生活。設身處地，我們也會這麼做。但是一定有更好的辦法回應他們的需要。

有些大膽的思想家鼓吹全世界開放邊界，主張這樣會大幅刺激全球 GDP 和全球平均幸福（可參考網站 http://openborders.info）。這種主張忽略了我們人類可悲的排外傾向，歐洲的極端右翼政黨支持度暴增，很清楚地證明了這點。

在可見的未來，沒有政府會開放邊界讓人自由入境。其實，只會有反方向的動作：塞爾維亞和匈牙利都在築牆阻擋難民，還有人提議重新恢復申根區域的邊界管制；申根條約目前保障歐洲二十六國間遷徙的自由。

與其自我封閉，富裕國家應該提供更多支援，給收容大量難民的較窮國家：黎巴嫩、約旦、衣索比亞和巴基斯坦都是明顯的例子。安全住在鄰國的難民，比較不會冒險旅行到遙遠地區，一旦衝突解決就可能回家。給予負擔最多難民的國家國際支援，在經濟上也很合理：在約旦，支持每位難民一年只花掉約三千歐元（三千三百五十美元）；在德國，成本至少要一萬兩千歐元。

但是，我們終究必須重新考慮許多人視為不可改變的神聖條約：「聯合國難民地位公約」。這份公約在一九五一年議定，原本只限於之前在歐洲內部逃難的人。規定簽約國允許進入國境的難民居留，不因違反移民法律而受到歧視或懲罰。難民的定義是，因為具體的「種族、宗教、國籍、特定社會團體成員的身分或政治立場」，有被迫害之虞，無法或不願意回自己國家的人。

到一九六七年，時間與地理限制被解除，讓此公約普世適用。這麼做很高尚，但沒人問到一個關鍵的問題：能夠跑到另一個國家的人，為什麼比身在難民營裡、無法遷徙的人們優先？

富裕國有責任收容難民，許多國家可以也應該接受更多人。但隨著尋求庇護人數增加，法院愈來愈難判斷誰是公約中定義的難民，誰是有高人指點、到富裕國家尋求更好生活的移民。

公約也造就了新興的人口走私產業，經常不擇手段，有時還罔顧人命。如果尋求鄰國庇護的人都被送到難民營，不受迫害，也有富裕國的財務援助支持，人口走私和路程中的死亡就會被排除。此外，對於尋求庇護的經濟移民，誘因會被削弱，富裕國可以履行他們從難民營接受更多難民的責任，同時維持對邊界的控制。

這或許不是最佳對策，但或許最可行。而且看起來比現在許多難民面臨的混亂和悲劇好多了。

趕走來到你國家的民眾，在情感上仍然很難接受——即使他們最後被送到安全的庇護所。但我們也該同情在難民營等待的幾百萬人。我們也必須給他們希望。

摘自「評論彙編」，二〇一五年九月一日

# 公開外交有可能嗎？

在普林斯頓大學，當上總統之前曾任校長的伍德羅·威爾遜從未遠離。他的巨大畫像掛在我隸屬的威爾遜學院的餐廳，眺望遠方。而教師們的用餐設施展望館，是以前他當校長時的住宅。

所以，當維基解密最近公布二十五萬份外交電報，引爆輿論熱議。我想起威爾遜在一九一八年的演說中，提出以公正的和平終結一次大戰的「十四點原則」。其中第一點是這麼寫的：「公開的和約必須確保日後肯定不會再有私下的國際行動或任何決議，但是外交將永遠在大眾目光下誠實進行。」

這是我們應該嚴肅看待的理想嗎？維基解密創辦人亞桑奇是伍德羅·威爾遜的真正追隨者嗎？

威爾遜無法讓凡爾賽和約完全反映出他的十四點原則，不過確實包含了幾項，包括建立後來成為聯合國前身的國際組織。但威爾遜後來又無法讓美國參議院批准條約，包括國際聯盟和約。

歷史名譽教授保羅·施洛特（Paul Schroeter）本月稍早在《紐約時報》撰文，主張公開外交經常「有致命缺陷」，並舉了凡爾賽和約需要祕密協商、以達成協議為例。由於德國國家主義復活，導致希特勒崛起與引發二次大戰，此和約難脫其責，我們可以中肯地說這是人類史上最災難性的和約。

況且，很難想像如果威爾遜的提議形成了和平的基礎，設定所有未來談判的基調，二十世紀的歐洲歷史會比實際上更糟。所以凡爾賽和約不是用來證明國際談判需保持祕密的好例子。

有限度的開放式政府是我們共同的理想。美國總統歐巴馬在二〇〇九年一月就職時背書了。他告訴內閣官員和幕僚：「從今天起，每個機構和部門都要知道，這個政府支持的不是想要隱瞞資訊的人，而是希望公開資訊的人。」然後他指出，這項保護隱私權與國家安全的政策，一定會有例外。

連國防部長羅伯．蓋茲（Robert Gates）都承認，最近的洩密案對美國來說儘管尷尬又難堪，後果對外交政策卻沒什麼影響。

洩漏的電文有些只是個人意見，比起國家領袖的八卦好不到哪裡去。但是因為洩密，我們得知，當英國政府針對伊拉克戰爭原因展開理應是公開的調查，也承諾美國政府會「採取措施保護美國的利益」。英國政府似乎欺瞞了大眾與英國國會。

同樣地，電文透露，葉門總統阿里．阿布都拉．薩雷（Ali Abdullah Saleh）向人民與國會說了謊。雖然美國在葉門境內空襲蓋達組織，他卻說轟炸的來源是葉門軍方。

我們也得知更多美國支持的某些政權的腐敗程度，像阿富汗和巴基斯坦，還有跟美國關係友善的其他國家，主要是俄羅斯。現在，我們知道沙烏地皇室一直催促美國對伊朗進行軍事攻擊，防止它擁有生產核武的能力。或許，我們在此得知了美國政府值得誇獎的事：它拒絕了這個建議。

知識通常被視為好事；所以可想而知，多瞭解美國在全世界的思維與運作也是好事。在民主國家，公民會褒貶自己的政府。如果政府在幹什麼，他們被蒙在鼓裡，就沒有立場做有良好根據的判斷。即使在非民主國家，人民也有正當的理由去瞭解政府採取的行動。

然而，開放未必永遠好過保密。假設美國外交官發現，某一國活在殘暴軍事獨裁統治下的民主派正在跟低階官員密謀發動政變，以回復民主與法治。我會希望維基解密不要公布外交官向上司報告此事的電文。

在這方面，開放就像和平主義：正如別人準備好動武時，我們無法支持完全廢除軍備，因此伍德羅．威爾遜開放的外交境界是個高貴的理想，但是在我們生活的世界難以完全實現。

不過，我們可以努力接近那個理想。如果各國政府沒這麼經常誤導人民，就比較不需要保密。如果領袖們知道他們做的事無法永遠掩蓋，不讓人民知道，他們就會有強烈的誘因收斂一點。

所以很遺憾，最近洩密最可能的結果是加強限制，以防進一步洩密。讓我們期盼在維基解密的新時代，那樣的企圖仍然無法達成。

摘自「評論彙編」，二〇一〇年十二月十三日

# 食品大廠的倫理學

上個月，國際援助組織樂施會（Oxfam）發起了「品牌背後」的活動。目標是評估世界十大食品與飲料企業的產品如何生產的透明度，並評價它們在小農待遇、永續使用水源與土地、氣候變遷和剝削女性等敏感議題上的表現。

消費者有道德責任，留意他們的食物是如何生產的，大品牌也有相應的義務，使自己的供應商更透明，以便讓顧客充分瞭解之後再決定自己要吃什麼。在許多案例中，最大的食品企業本身也不知道自己在這些議題上表現如何，嚴重缺乏道德責任感。

雀巢的透明度得分最高，因為他們至少提供了某些商品來源與稽核系統的資訊。但即使是它的評等，也只達到「良好」而已。通用磨坊則是評等最低。

除了缺乏透明度，樂施會的報告也指出十大食品企業共通的幾個瑕疵。他們沒有提供小規模農民平等的機會打進他們的供應鏈，當小農真的有機會賣東西給大品牌的供應商，產品也可能收不到公平的價錢。

前十大食品企業也沒有負起足夠責任，確保他們較大規模的農場供應商付出足夠合理生活的工資給勞工。全世界農業有四億五千萬領有工資的勞工，他們在許多國家經常薪資偏低，其中六〇%活在貧窮中。

前十大有些公司比對手做得更多，在這些領域努力發展符合道德的策略。聯合利華就努力尋找小農，採購更多原物料，並宣示在二〇二〇年之前，所有主要物料來源要百分之百符合永續標準。這項政策讓聯合利華在對小農開放方面拿了最高分，評級是「良好」。達能（Danone）、通用磨坊和家樂氏都墊底，評級是「很差」。

多年來，雀巢飽受批評，因為在開發中國家餵母乳明明可行又健康得多，卻行銷嬰兒奶粉。它修改了政策以回應批評，但是最近又因為使用童工以及強迫勞工去採收可可，成為箭靶。

二〇一一年，雀巢使用公平勞動協會（Fair Labor Association）評估它的供應鏈。報告書證實許多雀巢的供應商使用童工並強迫勞工，現在公司開始處理這個問題。結果，雀巢、聯合利華及可口可樂，在勞工權益方面得到「良好」的評鑑，在前十大名列前茅。家樂氏則得到這個項目的最低分。

農業是溫室氣體排放的主要來源之一，比例高過整個運輸產業，同時也是造成氣候變遷風險最高的部門之一，這從最近的降雨模式改變看得出來。清除熱帶森林、種植牧草或棕櫚樹，釋出大量儲存的碳進入大氣層。牛羊等吃草的反芻動物也大幅促進了氣候變遷。

這個領域，樂施會也給各大品牌評了低分，主要是連追蹤直接或間接造成的排放量都做不到。雀巢是唯一達到「良好」評等的公司，墊底的是聯合英國食品公司，評等是「很差」。

能上網的人都可以去樂施會網站看看大品牌在七項倫理重要指標的排名。目前最高分是「良好」，前十大沒有一家在任何項目獲得「優良」的評等。

我們鼓勵個別消費者直接聯絡公司，督促他們在取得產品原料的方式上展現更大的責任感。樂施會希望如此一來，「品牌背後」的活動能觸發一場「奪冠比賽」，讓大企業努力競爭，獲得最高分，成為真正透明又有高度道德責任感的飲食生產者。

已經發生的改變顯示，如果大企業知道消費者希望他們表現得更道德，他們會照做。為了達到一定效果，這種活動需要個別消費者積極主動，多瞭解他們消費的食品和飲料，讓自己的聲音被聽見，除了口味和價格，讓購買的選擇也受到倫理規範。

摘自「評論彙編」，二〇一三年三月十二日

# 公平與氣候變遷

（共同作者／滕菲）

公平是人類的普世價值，但是在特定情況下，何謂公平往往是眾說紛紜。最明顯的莫過於降低溫室氣體排放，以避免危險的氣候變遷是否必要的辯論了。

中國和美國是溫室氣體的兩大排放國，除非兩國都參加，否則任何全球協議似乎不太可能有效降低排放。但在國際氣候談判中，他們對各國該做什麼的觀點似乎歧見很深。本文作者是對氣候變遷議題有興趣的教授，一個來自中國頂尖大學，一個來自美國頂尖大學。看看我們能否針對何謂規範溫室氣體排放的公平原則達成協議，應該會很有趣。

我們決定採用收入分配不均的常見指標基尼係數，來衡量碳排放的不公平。基尼係數是零到一之間的數字，「零」代表每個人的收入都一樣，而「一」代表單一個人擁有所有收入而其他人完全沒有。可想而知，所有現存社會都落在這兩個極端之間，像丹麥這種相對平等主義的國家大約是〇．二五，像美國和土耳其比較不平等的國家則接近〇．四。

不同的公平原則會對人民產生不同的排放分配與不同的「碳基尼係數」。我們以一八五〇到二〇五〇年的區間來計算碳基尼係數。這樣就能分析中國和巴西等國鼓吹的歷史責任原則，亦即計入過去曾對大氣層造成衝擊的排放。

我們選了三個廣泛討論、分配溫室氣體排放配額給不同國家的方法：

**平等人均排放權方法**：以各國人口比例分配排放權，但只限全球碳排放預算的剩餘部分，意思是，為了避免危險的氣候變化，現在到二〇五〇年之間還可以排放的量（這個限制通常被描述成避開了超過攝氏兩度的暖化）。

**平等人均累計排放方法**：尋求長時間的平等，而非從今以後。所以要結合過去排放的責任面向，還有平等的人均權利。它計入已經被消費部分，再把整體的全球預算平均分配。

**老祖父方法**：根據現存模式決定排放權。這種分配法在京都議定書中，成為適用於已開發國家的實質方法，規定這些國家根據一九九〇年的排放量，以固定比例達到減排目標。讓那些在一九九〇年排放較多的國家，有權在未來比排放較少的國家繼續多排放。

平等人均累計排放方法，定義上就是依據長期對氣候變遷的影響，在所有國家之間產生一個完美平等的方法，所以造成的基尼係數是零。平等人均原則適用於從現在起的年度排放流量，得出的碳基尼係數大約是〇．四。此差異顯示已開發和開發中國家的爭議——

對於從一八五〇到二〇五〇年全球溫室氣體排放約占四〇%的歷史責任原則，同時避免超過攝氏兩度的暖化。老祖父方法則導致最大的碳基尼係數，大約〇．七。

差異這麼大的碳基尼係數顯示，世人對何謂公平的氣候變遷對策，缺乏共同的理解。國際氣候談判的成功取決於各國（與他們代表的人民）對一些重大公平原則，尤其歷史責任與平等人均權利有何看法。迄今的談判中，長期公平的考量未被適當處理，已經很清楚了。納入實質的老祖父方法之後，我們的碳基尼係數顯示高達七〇%的全球碳排預算，在貧富國家之間仍存有爭議。

如果終究無法對公平的實質原則達成協議，那麼某些碳基尼係數高到不可能公平的共識，也可形成最低共識的基礎。例如老祖父方法的基尼係數高達〇．七。我們可以比較這個數字和多數人認為極不平均的美國收入分配的基尼係數，那卻是低得多的〇．三八。

另一方面，平等人均年度排放是基於一個至少可以宣稱公平的原則，基尼係數也不到〇．四。所以我們提議任何公平的對策都該落在基尼係數零到〇．四的「公平範圍」內。雖然選擇任何具體數字都有點主觀，對於尋求公平解決氣候變遷問題的各方，這或可為討論的方案畫出一個範圍。

摘自「評論彙編」，二〇一三年四月十一日

# 污染者會為氣候變遷買單嗎？

我是在八月初的紐約寫這篇文章，此時市長宣布了「高溫緊急狀態」，防止空調使用遽增，造成廣泛的電力短缺。市府員工如果設定室溫低於華氏七十八度（攝氏二十五．五度）可能會面臨刑事起訴。然而，用電量還是接近歷史高點。

同時間，加州也出現了破紀錄的熱浪。對整體美國而言，二〇〇六上半年是一百多年以來最熱的。歐洲也體驗到異常炎熱的夏天。七月，英國和荷蘭創下了新紀錄，他們的氣象資料可追溯到三百多年前。

北方的炎熱夏天，與美國前副總統高爾主持的紀錄片《不願面對的真相》發表剛好搭上。該片使用一些傑出的圖表、影像和其他資訊，提出極具說服力的論點，主張我們的二氧化碳排放造成了全球暖化，至少是推波助瀾，我們必須趕緊處理這個問題。

美國人喜歡高談闊論道德和正義。但大多數美國人仍無法瞭解他們的國家拒絕簽署京都議定書，還有事後對溫室氣體排放照老樣子的態度，是最嚴重的道德失敗。這已經對別人造成傷害性的後果了，最大的不公平是，富人用掉導致排放與氣候變遷的大多數能源，卻是窮人承擔大多數後果（欲知如何減低你自己的碳排放量，請參閱 www.climatecrisis.net）。

要瞭解這種不公平，我只需要抬頭看看讓我的辦公室溫度維持在可忍受範圍的冷氣機。雖然我做得比市長的要求還多，設定在華氏八十二度（攝氏二十七度），我仍是惡性循環的一分子。我用更多能源應付炎熱，因此燃燒更多化石燃料，排出更多溫室氣體到大氣層，讓地球更炎熱。連我看《不願面對的真相》時也一樣：在溫暖的晚上，戲院裡冷到我後悔沒帶件外套。

炎熱會殺人。據官方估計，二〇〇三年歐洲熱浪導致法國約三萬五千人、英國超過兩千人死亡。雖然沒有特定熱浪能直接造成全球暖化，卻會讓炎熱更加頻繁。此外，如果繼續放任全球暖化不管，當降雨變得更反常，引發長期乾旱與嚴重水災，死亡人數可能會讓歐洲熱死的人數相形見絀。更頻繁又強烈的颶風會殺死更多人。融化的極地冰層會導致海面上升，淹沒幾億人栽種糧食的低窪、肥沃三角洲區域。熱帶疾病會蔓延，又害死更多人。

而死者壓倒性地會是缺少適應的資源，找不到替代糧食來源，沒有醫療服務的人。即使在富裕國，死於天災的通常也不是富人。卡崔娜颶風襲擊紐奧良時，死者都是低窪地區、沒車可逃走的貧民。如果美國這種國家，在危機時期擁有合理效率的基礎建設和救災資源都已如此，當災難襲擊開發中國家時將更加慘烈，因為他們的政府缺乏所需的資源，而且說到援外，富裕國還是沒有把所有人命一視同仁。

根據聯合國資料，二〇〇二年美國的人均溫室氣體排放是印度的十六倍，孟加拉的六十倍，衣索比亞、馬利或查德的兩百多倍。其他排放量與美國接近的已開發國家包括澳洲、加拿大和盧森堡。俄國、德國、英國、義大利、法國和西班牙，都在美國的一半到四分之一之間。這樣仍遠高於世界平均值，比會有人死於全球暖化的最窮國高出五十幾倍。

如果污染者傷害其他人，被害者通常會獲得法定補償。比如說，某工廠洩漏有毒化學物到我灌溉農場的河水裡，毒死了我的作物，我可以控告工廠老闆。如果富裕國用二氧化碳污染大氣層，造成我的作物因降雨模式而改變歉收，或是我的田地因海平面上升被淹沒，我不該有控告的權力嗎？

位於倫敦的非政府組織國際環境與發展研究所的所長卡蜜拉·圖爾敏（Camilla Toulmin），出席高爾在六月舉辦的氣候變遷演講。她問他，如果要補償那些氣候變遷責任最少、但受害最深的民眾，有何看法。她在 www.opendemocracy.net 網站報導，這個問題似乎讓他措手不及，他不支持這個主意。我跟圖爾敏一樣，懷疑這個真相是否連他也不願意面對。

摘自「評論彙編」，二〇〇六年八月五日

# 氣候變遷會議中為何還吃肉？

（共同作者／法蘭西斯．基斯林）

五萬多名聯合國官員、科學家、環保人士與一些國家領袖本週將齊聚在里約熱內盧，進行永續發展會議。他們在同一城市舉行第一屆地球高峰會的二十年後重逢，現在的目標跟當年一樣，是找出如何減少危險的溫室氣體，並援助活在極度貧窮中的十三億人。或者更嚴重的說法是，我們要如何活得道德而不致威脅未來世代生存的能力。

那就是現在的議題。

但我們想知道的是：大會的菜單上有什麼？具體地說，明明生產與消費肉品正是氣候變遷的主因之一，這種氣候變遷的大型集會要不要提供肉類餐點？

我們設法查清楚。

第一個回覆我們 email 詢問者無視題目，驕傲地強調會期間的環保努力。有位聯合國發言人回覆：「巴西政府和聯合國祕書處都採取了不少行動，來『綠化』里約會議。比方說，會議中『善用紙張』，除非特別要求隨選隨印，否則不發紙本文件。我也知道巴西政府一直在處理塑膠問題。」

我們進一步從另一個聯合國發言人那裡得知，大會將以「有機食品的外燴服務」為優先。聽起來不錯，只是「有機」牛群通常每磅牛肉會比非有機飼養的同類產生更多甲烷。

聯合國從一九七二年起開始舉辦環保會議。起初這些活動聚焦在工業化、經濟成長和對環境的衝擊。到了一九九〇年代，焦點轉移到全球暖化的效應。一九九二年的第一屆里約會議，包括美國在內的一百八十九國，承諾要穩定溫室氣體的排放量，並防止氣候系統的危險變化。

他們失敗得一塌糊塗。從那以後，大氣層的溫室氣體濃度上升到許多科學家認為很危險的程度。許多氣候專家暗示我們剩不到二十年就會到達不歸點：過了那時候，我們做什麼都無法防止氣候變遷惡化成災難。

沒人真心相信里約＋20會議能達成限制溫室氣體排放的新協議。若是如此，會議對於氣候能做的，頂多只是從菜單拿掉肉類，而且大肆宣揚。會議中，每個人都該知道肉品是氣候變遷的主因。這也是個可以較快解決的問題。去除肉食，比未來二十年內我們能合理採取的任何行動，都更有助於對抗氣候變遷。

聯合國農糧署在二〇〇六年發表了一份報告〈牲畜的漫長陰影〉，形容飼養動物作為食物，是「從區域到全球各個層面，各種最嚴重環境問題的前兩、三名主因之一」。從那之後，氣候研究人員羅伯．古德蘭（Robert Goodland）與傑夫．安杭（Jeff Anhang）估計，牲畜與充滿甲烷的副產品，比先前報告中的數據，占了更高比例的溫室氣體排放，是驚人的五一％。較保守的估計則認為，肉品占了大約三分之一的溫室氣體排放。

如果里約＋20的聯合國、各國代表團和環保團體，能堅持在所有自助餐、私人晚宴、使館歡迎會、午宴及早餐簡報會去除肉品，民眾可能會開始認為聯合國認真看待人類活動對地球造成的傷害。但是在以「環保」自居的會議中，環保人士鼓吹各自議題的場合，討論肉品似乎在計畫之外，甚至可能是禁忌。

當環保團體到處宣傳全球暖化的危險，很少聽到知名領袖建議民眾不再吃肉，連大幅減少也沒有。與我們同行的有一人最近參加一場聯合國會議，一位來自頂尖環保組織的演講者熱心談論減少人口成長的必要。然後，在他講完的午餐，他吃了好幾份燉牛膝。被問到餐廳違反永續精神的多肉餐點時，他臉不紅氣不喘地說他「絕對無法放棄」吃肉。

這正是問題的一環。在已開發國家，吃肉是美好生活的跡象。那是開發中國家渴望的飲食，只是會抵銷脫貧的努力。隨著中國和印度等國的富人增加，肉類需求量也大增。

為了迎合需求，農糧署預測年年提高的農場牲畜數量，會從現在的六百億隻增加到二〇五〇年的一千兩百億隻。除了意味著全球暖化，這也會對穀物增加壓力，因為大量穀物必須生產出來飼養動物。《餵飽世界》（*Feeding the World*）的作者暨學者瓦卡拉夫．史米爾（Vaclav Smil）計算出，不可能讓地球上的每個人像現在富足世界的人這樣吃。那樣會需要超出地球現有耕地的六七%。

氣候變遷跨政府委員會二〇〇七年的報告，說明未來幾十年繼續排放大量溫室氣體的一些可能後果：在拉丁美洲，七千萬人會缺乏足夠的飲水，許多農民將因為土壤鹽化被迫放棄傳統作物；在非洲，兩億五千萬人會有缺水的風險，小麥可能被消滅；在亞洲，一億人會面臨海平面上升的水患，降雨減少可能削減中國和孟加拉的白米產量。到本世紀末，海平面預計會上升七到二十三吋。島國和低窪國家可能完全消失。馬爾地夫已經在存錢，希望他們被淹沒之後可以買個新的國家。

有明確的證據顯示，減少產肉、吃肉可以限制溫室氣體排放，進而可能延緩這些悲劇。然而，多次改寫與數週談判之後，「肉」這個字還是沒出現在里約會議的文件草稿裡。報告反而討論減少生產與消費其他導致全球暖化的產品的需要，沒有指出關鍵元凶。

全球氣候領袖在里約+20的會議桌上，有很多急迫的挑戰。該是把肉從餐盤拿掉的時候了。

摘自《華盛頓郵報》，二〇一二年六月十五日

# 推翻煤炭王

今年稍早，大氣層的二氧化碳濃度來到了四百 ppm。上一次我們大氣層裡有這麼多的二氧化碳是三百萬年前，當時海平面比現在高出二十四公尺。現在海面又上升了。去年九月，北極海冰層面積達到史上最小。開始有全球氣溫紀錄的一八八〇年以來，最暖的十年有九年發生在二十一世紀。

某些氣候科學家認為大氣中四百 ppm 的二氧化碳，已經足以讓我們越過可能把幾十億人變成難民的氣候災難臨界點。他們建議我們必須把大氣層中的二氧化碳數量降回三百五十 ppm。於是，這個數字出現在 350.org 的名稱中，這個設法解決氣候變遷的草根運動，在一百八十八個國家都有志工。

也有些氣候科學家比較樂觀：他們主張，如果我們允許大氣層二氧化碳上升到四百五十 ppm 的程度，氣溫會上升攝氏兩度，我們還有六六・六％的機會避免大災難。那樣還是有三分之一發生大災難的機率，比玩俄羅斯輪盤還糟。而且，我們預估到二〇三八年就會超過四百五十 ppm。

有一點很清楚：如果我們不想對自己星球的氣候漫不經心，就不能燒這麼多我們已經找到的煤炭、石油和天然氣。其中大約八〇％（尤其燃燒時釋出最多二氧化碳的煤炭）必須留在地底下。

六月時，美國總統歐巴馬告訴喬治城大學的學生，他拒絕讓他們和他們的子孫輩淪落到住在「一個無法修復的星球」。他說氣候變遷不能等到國會克服它的「黨派塞車」，於是他行使行政權，宣布一些措施去限制二氧化碳排放，首先是新建的化石燃料發電廠，然後是現有的電廠。

歐巴馬也呼籲大眾停止資助國外新建燃煤發電廠。除非他們部署碳捕捉技術（目前經濟上還不可行），否則就「沒有其他可行的方法讓窮國發電」。

丹尼爾・許拉格（Daniel Schrag）是哈佛大學環境中心主任兼總統科學委員會成員，也是歐巴馬的氣候變遷顧問之一，他說：「政治上，白宮不太願意說他們向煤炭宣戰。另一方面，我們需要的正是反煤戰爭。」

許拉格說得對。他的大學跟我任教的學校及許多大學一樣，有減少溫室氣體排放的計畫。但大多數學校，包括他和我的學校，幾十億美元的捐獻中仍有部分持續投資挖煤與賣煤的企業。

但是要求教育機構停止投資化石燃料的壓力已開始累積。學生團體在許多校園裡組成，有些學院和大學已經宣示終止投資化石燃料。包括舊金山和西雅圖的幾個美國城市也同意這麼做。

現在，金融機構也因為與化石燃料的關聯遭到砲轟。六月時，我加入一群澳州名人簽署、給國內各大銀行領導人的公開信，要求他們停止貸款給新的化石燃料開採計畫，賣掉從事這種業務的公司股份。

今年稍早，美國前副總統高爾在哈佛演講時，稱讚一個學生團體督促大學賣掉在化石燃料公司的投資，把他們的活動跟一九八〇年代協助終結南非種族隔離政策的撤資運動相提並論。

這麼比較公平嗎？評估的標準或許沒有種族隔離政策那麼鮮明，但我們持續大量的溫室氣體排放，以他人的代價保護了某一群人的利益，主要是現在活著的富人（和全世界的多數人口相比，即使產業倒閉，美國和澳洲失業的礦工還是相當富裕）。我們的行為忽視了世上大多數的窮人，還有未來幾百年會活在地球上的人。

全世界的窮人都留下很少的碳足跡，但他們受到氣候變遷的傷害最大。很多人住在愈來愈熱的地方，其中幾億人是靠降雨種植作物的職業農民。降雨模式會變化，亞洲季風愈來愈不可靠。未來幾世紀，住在這個星球上的人會活在更熱的環境，海平面較高，可耕地較少，有更極端的颶風、乾旱與洪水。

在這種情況下，發展新的燃煤計畫是不道德的，投資這些產業就是成為不道德活動的共犯。在某個程度上，這適用於所有化石燃料，開始改變我們行為的最佳方式是減少煤炭消費。即使天然氣本身長期而論並不永續，用天然氣取代煤炭確實可以減少溫室氣體排放。眼下，停止投資煤炭產業才是該做的事。

摘自「評論彙編」，二〇一三年八月六日

# 巴黎與地球的命運

當世界領袖與政府談判代表，在本月底齊聚巴黎的聯合國氣候變遷會議，關係到的是在未來幾百年幾十億人的生命。數量不明的瀕危動、植物物種的命運也懸而未決。

一九九二年在里約熱內盧舉行的「地球高峰會」上，包括美國、中國、印度和所有歐洲國家，共有一百八十九個國家簽署了聯合國氣候變遷綱要公約（UNFCCC），同意將溫室氣體排放穩定維持「在夠低的水準，防止對氣候系統造成危險的人為干擾」。

但是所謂的穩定，迄今沒有實現，少了它，氣候反饋循環可能讓氣溫進一步升高。少了北極冰層反射陽光，海洋會吸收更多溫度。西伯利亞永凍土解凍會釋出大量甲烷。結果，我們星球上目前住了幾十億人的廣大區域可能變得無法居住。

UNFCCC 簽約國在早期的會議中，尋求達成對減少排放有法律拘束力的協議，至少適用於產生目前大氣層中大多數溫室氣體的工業化國家。那個策略失敗了（部分原因是小布希總統主政的美國不妥協）；當二〇〇九年的哥本哈根會議無法產生一份條約，以取代過期的京都議定書（美國從未簽署），就捨棄了這個策略。哥本哈根協議只要求各國自願宣示減少排放的特定數量。

那些宣示現在出來了，包括主要排放者的一百五十四國，結果比需要的數量短少很多。要衡量宣示能達成的效果跟實際需要之間的落差，我們必須回顧在里約大家能接受的語言。

措辭在兩個關鍵層面很含糊。第一，怎樣才算「對氣候系統造成危險的人為干擾」？其次，「防止」一詞假設的是什麼程度的安全？

第一個含糊不清的解決方式是，決定將排放程度設定在地表均溫比前工業時代增加攝氏兩度。許多科學家認為，即使增加較少也很危險。即使迄今只上升〇・八度，地球已經出現破紀錄的高溫、更極端的氣象事件，格陵蘭的冰層開始大量融解，其總含水量足以讓海面上升七公尺。在哥本哈根會議，小型島國（如果海面繼續上升，某一些就會消滅）的代表懇求將目標設在一・五度，但是沒人理會，因為基本上，世界領袖認為達成這個目標的必要措施，在政治上不切實際。

第二個含糊的部分仍然無解。倫敦政經學院的葛蘭森研究所（Grantham Research Institute）分析了一百五十四國的提案，判定即使全部履行，到二〇三〇年，全球碳排放會從現在的每年五百億噸上升到五百五十億至六百億噸的程度。但是，即使只有五〇%機會維持攝氏兩度的上限，年度碳排放也必須減到三百六十億噸。

澳洲國家氣候復原中心的報告同樣令人警惕。現今大氣層的排放程度已經意味著，即使我們馬上停止新增的排放（這是不可能的），我們仍有一〇%機會讓均溫超過攝氏兩度。試想像如果航空公司削減維修程序到有一〇%機率無法安全完成飛行的程度。公司不能宣稱它有防止危險的飛機升空，即使它票價比別人便宜得多，顧客也會流失。同樣地，對於可能由「對氣候系統的危險人為干擾」造成的災難規模，我們不該接受超出攝氏兩度的一〇%機率，更別說好幾倍了。

有什麼替代方案？開發中國家會主張他們需要便宜的能源，讓人民脫貧，比富裕國需要維持經常是浪費程度的能源消費，來得更重要。他們說得對。因此富裕國應該盡快以經濟去碳化為目標，至少要在二〇五〇年做到。他們可以從關閉污染最多的能源生產形式燃煤發電廠開始，並且拒發執照給新開發的煤礦。

另一個速效辦法或許是對肉類加稅、利用稅收來補貼較永續的替代品，鼓勵民眾多吃植物製食品。根據聯合國農糧署的資料，畜牧產業是第二大的溫室氣體排放來源，超過整個運輸產業。這暗示我們還需減少很大的排放量，而且減少的方式必須對我們生活的衝擊小，而非停用所有的化石燃料。其實，根據最近的世界衛生組織報告，減少食用處理過的肉類及紅肉，還有減少癌症死亡的附帶好處。

這些提案或許聽起來不切實際。但是少做一點點，都是對現存與尚未出生的幾十億人，以及地球整個自然環境的罪行。

摘自「評論彙編」，二〇一五年十一月十一日

**後記：**巴黎會議達成的決議，比我寫這篇文章時敢於指望的更加鼓舞人心。在某些最受氣候變遷威脅的國家堅持下，協議內容要求簽約國將全球均溫增加維持在「遠低於」攝氏兩度，甚至「繼續努力把升溫限制在攝氏一．五度」。更重要的是達成一個共識，包括已開發或開發中的所有國家，都應該盡自己的本分，減少溫室氣體排放。如前所示，各方對協議做出的宣示不足以達成那個目標。然而，巴黎協議確實規定所有簽約國每五年更新減排目標，並進行「全球盤點」，監控全世界是否走在達成會議中所訂目標的正軌上。無可避免，第一次盤點會顯示全球暖化可能超過攝氏兩度。屆時的關鍵問題將是：簽約國是否願意努力減排，超越自己在二〇一五年訂下的目標。

# ···科學與科技···

# 黃金米的明顯潛力

全球性的環境保護非政府組織綠色和平通常會帶頭抗議。但是上個月，它反倒成了箭靶。

抗議者的發言人派崔克．摩爾（Patrick Moore）本身是綠色和平的早期成員，指控該組織是每年兩百萬孩童死亡的共犯。他指的是缺乏維他命A致死，這對以白米為主食的孩童很常見。

摩爾宣稱，這些死亡是可以用「黃金米」預防的，這種基因改造穀物比普通米含有較高的β－胡蘿蔔素。綠色和平以及其他反對使用基因改造有機物（GMOs）的組織，一向宣傳反對引進在人體內可轉化成維他命A的β－胡蘿蔔素。

摩爾的道德姿態似乎站在高點，但是孩童缺乏維他命A的嚴重性毫無疑問，尤其在非洲和東南亞的部分地區。根據世界衛生組織研究，缺乏維他命A每年造成大約二十五萬到五十萬學齡前兒童失明，其中約半數會在十二個月內死亡。

缺乏這種營養素，也會造成對痲疹等疾病抵抗力不足，這仍是幼童的主要死因之一，只是因為接種疫苗而逐漸減少。在某些國家，缺乏維他命A也是母親懷孕與分娩期間高死亡率的主因之一。

十五年前由瑞士科學家率先研發的黃金米，專門用來解決維他命A不足，第一次田野測試在十年前進行。但是農民目前還拿不到種子。起初，需要研發的是在最需要的地方也能生長的改良品種。必須執行進一步的田野測試，才能符合規範基改作物釋出作業的嚴格規定。反對人士摧毀在菲律賓測試的田地之後，門檻拉得更高了。

批評者暗示黃金米是生技產業主宰全世界農業計畫的一部分。但是，儘管農商巨人先正達（Syngenta）確實資助研發了基因改造米，該公司說過並不打算把它商品化。低收入農民會擁有自己的種子，也能從收成中保留種子。

其實，先正達把黃金米轉授權的權利給了一個叫「黃金米人道團」的非營利組織。這個團體包括兩位共同發明人，有權提供米給公共研究機構與開發中國家的低收入農民，作為人道用途，只要收費不超過普通米的種子即可。

基改穀物在一九八〇年代剛研發出來時，有很多需要謹慎之處。這些穀物吃了安全嗎？會不會跟野生植物交叉授粉，傳遞自身抗害蟲之類的特質，創造出新的「超級雜草」？在九〇年代，我身為澳洲綠黨的參議員候選人，跟許多人都主張強力規範，以防止生技公司為了增加利潤，惡搞我們的健康或環境。

現在基改穀物占了全世界耕地的十分之一左右，我們綠黨害怕的災難性後果都沒有發生。即使受到比「天然」食物更嚴密的檢驗，沒有可靠的科學證據顯示基改食物造成疾病（天然食物也可能造成健康風險，如同最近的研究證實一種普遍的肉桂可能造成肝損傷）。

雖然基改穀物與野生植物交叉授粉可能發生，迄今並未出現新的超級雜草。我們對此應該滿意。當然，也可能是為了回應環保團體的顧慮而提出的法規，造成了這個結果。

保護環境與消費者健康的法規都應該維持。慎重行事是合理的。然而，必須重新思考的是全盤反對基因改造有機物的觀念。

任何創新都必須衡量風險與可能的利益。如果利益較小，即使風險小也可能不值得；如果利益較大，比較重大的風險也可能值得一試。

舉例來說，法規應該詳察，釋出可抗草甘膦除草劑的基改作物（讓農民比較容易控制雜草），與釋出可抗乾旱、適合低收入國家缺水地區的作物之間，有何差別。同樣地，有潛力防止五十萬兒童失明的基改作物，即使真的涉及一些風險，也值得栽培。諷刺的是，抗草甘膦作物已在幾百萬公頃的土地上商業化種植，而黃金米（尚未顯示會對人類健康或環境帶來任何風險）仍不能釋出。

在某些環保圈子，全面反對基因改造有機物就像宣誓效忠，異議者被當作勾結邪惡生技產業的叛徒。該是超越這種狹隘意識形態立場的時候了。某些基改有機物對公共衛生可能扮演有用的角色，也有一些可以克服在氣候變遷時代栽培糧食的困難。我們應該基於個案處理，考量每種基改植物的優點。

摘自「評論彙編」，二〇一四年二月十七日

# 量身訂做的生命

在十六世紀，鍊金術士帕拉塞爾蘇斯（Paracelsus）提出了創造生物的配方，一開始先把精液放進腐爛的 venter equinus 裡。這個詞通常翻譯成「馬糞」，但是拉丁文 venter 指的是腹部或子宮。

如今那些江湖術士無疑會感到欣慰，因為由克瑞格．凡特（Craig Venter）資助的科學家團隊，剛在上月宣布成功創造了一個合成生命：基因是在實驗室裡設計並製造出來的細菌。

這個被暱稱「辛西亞」（Synthia）的細菌會複製並生產蛋白質。就任何合理的定義看來，這都是生物。雖然這個細菌拷貝的大部分結構很類似另一個天然細菌，但創造者在基因組中嵌入一組特定 DNA 序列來證明它不是自然產物。這些基因序列轉譯成字碼之後是網址、研究者名字，還有各類金句，像是理查．費曼（Richard Feynman）的名言：「我造不出來的，我就無法理解。」

幾年來，合成生物學儼然是生物倫理下一個重大議題。克瑞格凡特研究所的科學家預料會被批評他們在「扮演上帝」，他們沒有猜錯。對，如果你相信生命是上帝創造的，那麼這是人類迄今最接近「扮演上帝」

的行為了。

賓州大學知名生物倫理學家亞特．卡普蘭（Art Caplan）認為，這項成就是具有歷史意義的大發現，因為它「可能會消滅生命需要特殊力量或權力才能存在的論點」。被問到團隊成果的意義時，凡特形容這讓「我們看待生命的方式發生重大的哲學改變」。

也有人指出，雖然團隊製造了合成基因組，卻放進來自另一個細菌的細胞，取代原本的DNA。我們尚未完全從儀器和化學物質建造出生命有機體，所以相信只有神靈能賦予中性物質「生命力」的人，一定會繼續這麼想。

凡特說，在比較實務的層面上，團隊的成果產生「一套很強大的工具」，來重新設計生命。他曾被批評，這項研究由他共同創立的Synthetic Genomics公司資助，公司將擁有研究結果的智慧財產權，而且已經申請了十三項相關專利。但是這項成果花了二十位科學家十年的時間才完成，估計費用高達四千萬美元，顯然有商業投資財源的挹注。

也有人反駁生物不該拿來申請專利。這場仗在一九八〇年就輸了，當時美國最高法院判定一種設計來清除石油外洩的基改微生物可以獲得專利（顯然，以英國石油在墨西哥灣外洩造成的損害，這種微生物還有得忙了）。

專利化生命在一九八四年有了更進一步的發展。當時，哈佛大學為特地設計成容易罹患癌症的實驗室老鼠「腫瘤鼠」（oncomouse）成功申請到專利，讓它成為更有用的研究工具。反對把知覺生物變成專利的實驗室工具很合理，但是很難看出專利法為何不該涵蓋新設計出來的細菌或藻類，它們沒有知覺，可能像其他發明一樣有用。

其實，辛西亞的存在，挑戰了許多反對「專利生命」論點中，隱含的生物與人造物之間的區別。不過指出這一點，並不表示贊成批准封殺式專利，阻止其他科學家在這個重要新領域擁有自己的發現。

至於合成細菌的可能用處，辛西亞的出生必須跟世界史上最慘的石油外洩新聞爭奪媒體頭條這件事，比任何公關操作都更有說服力。有朝一日，我們或許能設計出可以迅速、安全又有效清除油污的細菌。根據凡特的說法，如果他旗下團隊的新科技去年獲得批准，就有可能在二十四小時內，而非好幾週之後，生產出保護我們對抗 H1N1 流感的疫苗。

不過，凡特提出最令人興奮的展望，是一種可以從大氣層吸收二氧化碳，然後用來製造柴油燃料或汽油的藻類。Synthetic Genomics 跟埃克森美孚（Exxon Mobil）石油簽了六億美元的合約，研發從藻類取得燃料的技術。

顯然，任何合成有機體的釋出必須小心規範，就像任何基改有機體的釋出。但是任何風險必須跟我們面臨的其他嚴重威脅權衡比較。舉例來說，國際氣候變遷談判似乎陷入了僵局，輿論對全球暖化的懷疑也在上升——即使科學證據繼續證明暖化真確無誤，將危害幾十億人的生命。

在這種情況下，合成生物學已知的實在風險，比起可能讓我們避開逐漸逼近的環境災難的希望，就顯得微不足道了。

摘自「評論彙編」，二〇一〇年六月十一日

# 機器人的權利？

（共同作者／艾嘉塔．薩岡）

上個月，Gecko Systems 公司宣布，他們正在測試自家的「全自動個人陪伴家用照護機器人」，又稱「照護機器人」（carebot），是設計來幫助老人或殘障者獨立生活。公司報導，當機器人問一位喪失短期記憶的女士：「您要來碗冰淇淋嗎？」她露出大大的微笑回答「好」，接下來的事應該就由機器人代勞了。

機器人已經有許多功能了，從造車到拆炸彈，還有比較令人煩惱的，發射飛彈。小孩、大人都玩機器人玩具，吸塵器機器人在愈來愈多住宅負責打掃，如 YouTube 影片證據顯示，同時也娛樂貓咪。甚至有機器人世界盃比賽，不過，從去年夏天在奧地利格拉茲舉辦的活動水準看來，足球選手還不必擔心失業（當然，西洋棋又是另一回事了）。

被開發為家用的大多數機器人，設計上有其特色，Gecko Systems 的居家照護機器人看起來挺像《星際大戰》的 R2-D2。本田與索尼設計的機器人則比較像同一部電影的「仿生人」C-3PO。不過，某些機器人已經擁有柔軟彈性的身體，酷似人類的臉孔和表情，能做出許多動作。Hanson Robotics 公司展示過一款叫亞伯特的型號，臉孔非常像亞伯特．

愛因斯坦。

我們很快就會習慣家裡有人型機器人嗎？雪菲爾大學人工智慧與機器人工學教授諾爾．夏奇（Noel Sharkey）曾預測，忙碌的父母會開始雇用機器人當保母。他問道，與無法表達真正的同理心、理解或同情的機器長時間相處，對小孩子會有什麼影響？你也可能會問，我們為何要研發耗能的機器人來照顧小孩或老人，那是教育程度不高者可以從事的少數行業。

在《與機器人的愛與性》（*Love and Sex with Robots*）一書中，大衛．李維（David Levy）進一步暗示，我們會愛上溫暖可愛的機器人，甚至跟它們做愛（如果機器人有多重性伴侶，只須拆下關鍵零件，丟進殺菌劑裡，噹啷，沒有性病風險！）。但是「性愛機器人」的出現，對婚姻家庭會有什麼影響？如果我們的配偶開始花太多時間跟永不疲倦的機器情人在一起，我們作何感想？

有個更不祥的問題，在小說與電影中倒很常見：我們將必須保護自身的文明，抵抗我們創造出來的智慧機器嗎？有人認為超人類人工智慧的發展無可避免，並且預期最遲在二〇七〇年發生。他們稱這一刻是「奇點」，視為改變世界的大事。

人工智慧奇點研究所的創始人之一艾利澤．尤科斯基（Eliezer Yudkowsky）認為，奇點會導致超智慧機器設計出更多智慧機器的「智慧爆炸」，每個世代重複循環。比較慎重的人工智慧促進協會設立了特殊委員會，研究它所謂的「人類對電腦相關智慧失去控制的隱憂」。

此事如果成真，文明未來的關鍵問題是：超級智慧電腦會對人類友善嗎？我們該開始思考應採取什麼步驟，防止我們自己的產物對我們產生敵意嗎？

眼下，比較務實的顧慮不是機器人會傷害我們，而是我們會傷害它們。現階段來看，機器人只是財產物品。但萬一它們變得複雜到有情感呢？畢竟，人腦不就只是個很複雜的機器嗎？

如果機器可以、也真的變得有意識，我們會在乎它們的情感嗎？迄今，我們跟我們唯一遭遇的非人類知覺生物（動物）的關係歷史，讓人不太能相信我們會承認有知覺的機器人不只是財產物品，而是有道德立場和利益值得顧慮的生物。

認知科學家史提夫．托倫斯（Steve Torrance）曾指出，強大的新科技，像汽車、電腦、電話，容易以失控的方式迅速普及。因此，不被普遍視為我們道德社群成員的有意識機器人的發展，可能導致大規模的虐待。

當然，困難的問題在於，我們如何分辨機器人是否真有意識，而不只是設計來模擬意識。瞭解機器人程式是如何設計的，能夠提供線索：設計者寫的程式碼只是提供意識的表象嗎？若是如此，我們就沒有理由相信機器人有意識。

但如果機器人的設計包含擬人類能力，偶然間可能形成意識，那我們就有充分的理由認為它真的有意識。到那時候，機器人權益運動就會開始。

摘自「評論彙編」，二〇〇九年十二月十四日

# 數位時代之夢

五十年前，馬丁．路德．金恩（Martin Luther King）夢想著美國有朝一日會實現不分黑人白人，全體公民平等的承諾。如今，臉書創辦人馬克．祖克柏（Mark Zuckerberg）也有個夢：他想要提供聯網服務給全世界仍不能上網的五十億人。

祖克柏的願景聽起來或許像是出於自利，以獲取更多臉書用戶。但是這個世界目前面臨愈來愈大的科技鴻溝，平等、自由與追求幸福的權利，本質上跟金恩宣揚反對的種族鴻溝是一樣重要的。

在全世界，超過二十億人活在「數位時代」。他們可以接觸廣大的資訊宇宙，以極少成本跟朋友家人通訊，聯絡上可用新方式合作的他人。另外五十億人仍困在我這個世代成長的「紙張時代」。

在那個年頭，如果你想知道什麼事但是沒有昂貴的百科全書（或你的百科全書已經跟不上時代，無法提供你想要知道的），你必須去圖書館花很多時間搜尋你需要的東西。要聯絡海外的朋友或同事，你必須寫信去至少等待兩週才有回覆。國際電話貴得不能打，跟他們交談時實際看到人的概念只是科幻的東西。

祖克柏上個月發起的全球合作計畫Internet.org，打算把沒有網路的世界三分之二人口帶進數位時代。合夥人包括七家大型資訊科技公司，還有非營利組織和當地社群。工作人員心知不能要求民眾在買食物和買資料之間選擇，會尋求較廉價的新方法來連結電腦、更多有資料效率的軟體和新商業模式。

微軟創辦人比爾．蓋茲提議網路連線在貧窮國家不是高度優先。他說，比較重要的是克服痢疾和瘧疾等問題。我只能讚美蓋茲減少這些主要影響全世界貧民的疾病致死人數的努力。但他的立場似乎怪異地缺乏對網路可以如何改變貧民生活的大局認知。例如，農民如果能用網路得到有利種植狀況的更精準預測，或為自己的收穫爭取更高價，他們會比較負擔得起衛生設備，讓小孩子不會得痢疾，擁有保護自己和家人免於瘧疾的蚊帳。

最近有個向肯亞窮人提供家庭計畫建議的朋友告訴我，太多婦女到診所來，她只能跟每個人談上五分鐘。這些婦女只有一個建議來源，一次聽到的機會，但如果她們能夠上網，她們隨時需要資訊時就能找到。

此外，可以做到線上諮詢，婦女就沒必要跑到診所。網路連線也能避開文盲的問題，建立在許多鄉村文化強固的口語傳統上，讓社群能建立自助團體，並跟其他村落的同儕分享他們的問題。

適用於家庭計畫的，也適用於很廣泛、尤其難以啟齒的各種主題，像同性戀與家庭暴力。網路會幫助民眾瞭解他們並不孤單，他們可以從別人的經驗學習。

更加擴大我們視野的是，把全世界的貧民連上網，藉由彼此串連、接觸較富裕的人，帶來更多的協助，這種願景並不荒謬。研究顯示，如果民眾能看到慈善團體援助的那些女孩的照片，並得知名字與年齡，他們比較可能捐錢給慈善團體幫助饑民。如果一張照片跟一些爭取認同的細節就能做到這一點，那麼跟本人用網路電話交談，會有多大效果？

提供普及連網服務的計畫，規模類似人類基因組排序，而且就像人類基因組計畫，會引發新的風險跟敏感的倫理議題。線上詐騙集團會接觸到全新、或許比較好騙的群眾。侵害版權會變得比現在更加廣泛（不過這對版權所有人損失甚微，因為貧民不太可能買得起書或其他有版權的內容）。

此外，地方文化的獨特性可能被侵蝕，有好處也有壞處，因為這些文化可能限制自由、否定機會平等。不過整體而言，我們可以合理地期待，讓貧民接觸到知識，有可能認識世界上任何角落的人士，會以很正面的方式改變社會。

摘自「評論彙編」，二〇一三年九月九日

# 全球圖書館

學者們向來夢想有一座全球圖書館，能收藏史上有人寫過的一切。然後，二〇〇四年，谷歌宣布它要開始數位掃描五大研究型圖書館的所有藏書。突然間，烏托邦的圖書館不再遙不可及。

其實，數位全球圖書館會比先前任何思想家想像的更棒，因為每個人都可隨時隨地接觸到每個作品。而且這座圖書館收藏不只是書籍文章，還有繪畫、音樂、影片，以及每種可用數位捕捉的創意表現形式。

但是谷歌的計畫有個問題。那些研究圖書館持有的大多數作品仍然有版權。谷歌說它會掃描整本書，不論版權狀態，但是搜尋有版權書籍的用戶只會看到片段。它主張這是「合理使用」，所以依版權法是許可的，就像你可能引述書中的一、兩句話用於評論或討論。

出版商和作家們並不同意這樣的說法。有些人控告谷歌侵害版權，最後同意和解，換取谷歌收入的一部分。上個月在曼哈頓的法庭上，丹尼·秦（Denny Chin）法官駁回了和解的提案，一部分原因是，這會讓谷歌實質壟斷所謂「孤兒書」（意指仍有版權、但已絕版，而且版權所有權很難判定的書）的數位版。

秦法官主張，美國國會才是決定孤兒書該以什麼條件、由誰來守護的適當機構，而非法院。他當然說得對，至少我們考慮的狀況發生在美國法律管轄權之內。這些重大議題不只影響作家、出版商和谷歌，也影響因知識與文化普及而受益的任何人。所以，秦法官的決定雖是建立全球圖書館過程中的暫時挫敗，也提供我們機會重新思考夢想怎麼實踐最好。

核心議題是：我們如何讓每個人看到書籍和文章（不只片段，而是完整作品），同時保護作品創作人的權利？當然，若要回答，我們必須判定是哪些權利。就像發明家獲得發明物的專利，在限定期間內獲利，作家最初獲得的版權期限相對較短：在美國，原本只有作品初版後的十四年。

對大多數作者來說，那段時間足以讓他們賺取從作品獲得的收入；之後，作品就成為公共版權。但是企業靠版權累積財富，反覆遊說國會延長期限，現在美國的版權持續到創作人死後七十年（一九九八年，最後一次延長版權期限的立法，因為允許迪士尼公司保留其知名卡通角色的版權，因而被戲稱為「米老鼠保護法案」）。

正因為版權期限這麼長，多達四分之三的圖書館書籍是「孤兒書」。大多數人接觸不到這麼龐大的知識、文化和文字成就的收藏。數位化會讓它觸及有網路連線的任何人。如同加州數位圖書館的科技長彼得．布蘭特雷（Peter Brantley）的說法：「我們有道德使命，搆到我們圖書館的書架，獲取孤兒材料，把它放在掃描器上。」

哈佛大學圖書館館長羅伯．丹頓（Robert Darnton）提過一個谷歌計畫的替代方案：由眾多基金會聯合資助、與各大研究型圖書館合作的數位公立圖書館。丹頓的計畫算不上全球圖書館，因為紙本書和有版權的作品會被排除；但他相信國會可能批准非商業公立圖書館把孤兒書數位化的權利。

那將是邁往正確方向的一大步，但是我們不該放棄成立全球數位公立圖書館的夢想。畢竟，仍在發行的紙本書可能含有最貼近時勢的資訊，也是民眾最想閱讀的書。

許多歐洲國家，還有澳洲、加拿大、以色列和紐西蘭，立法創造出一種「公共出借權」，意思是，政府認知到，讓成千上百人閱讀某一本書可創造公益，但是這麼做可能減損書的銷售。全球公立圖書館甚至可以將發行中、有版權的作品數位化，但是必須依照數位版的閱覽次數，付費給出版商和作者。

如果我們能把人送上月球、排序人類基因組，也應該能夠研發出近似全球數位公立圖書館的制度。目前不到三〇％的世界人口擁有上網能力；到時候，我們會面對另一項更難以實現的道德使命：讓其餘人口同樣能夠上網。

摘自「評論彙編」，二〇一一年四月十三日

# 不科學的悲慘代價

在南非總統的整個任期內，塔波．姆貝基（Thabo Mbeki）拒絕相信愛滋病是由HIV病毒造成的科學共識，而且抗逆轉錄藥物可以拯救HIV檢測陽性的病患生命。他反而贊成一小撮異議科學家的觀點，暗示愛滋病另有起因。

即使有壓倒性的相反證據，姆貝基仍很固執，持續主張這個立場。每當有人（即使是後來當上南非第一位黑人總統的抗爭英雄尼爾遜．曼德拉〔Nelson Mandela〕）公開質疑姆貝基的觀點，姆貝基的支持者會凶狠地斥責他們。

當南非的鄰國波札那和納米比亞，提供抗逆轉錄藥物給大多數感染HIV的公民，姆貝基主政的南非沒有這麼做。現在有個哈佛大學研究團隊調查此政策的後果。團隊用保守的假設估計，南非政府若能提供適當藥物給愛滋病患和可能讓小孩感染的懷孕婦女，就能防止三十六萬五千人提早死亡。

這個數字是科學被拒絕或忽視時，可能引發慘重代價的警示指標。大致相當於南蘇丹達佛地區大屠殺的死難人數，也接近一九九四年盧安達圖西族大屠殺的半數傷亡。

讓全世界輿論轉而反對南非種族隔離政權的關鍵事件之一，是一九六一年的沙佩維爾大屠殺。警察向黑人抗議群眾開槍，殺害了六十九人，還有更多人受傷。姆貝基跟曼德拉一樣，在反種族隔離的抗爭中很活躍。但是哈佛的研究顯示，比起在沙佩維爾開槍的白人警察，他造成了五千倍的南非黑人死亡。

我們該怎麼評估這樣的人？

若為姆貝基辯護，可以說他並無意害死任何人。他似乎真心相信（也可能仍然相信）抗逆轉錄藥物有毒。

我們也可以相信姆貝基的動機並非他對受苦的愛滋病患懷有惡意。他無意傷害他們，因此，我們應該斷定他的人格不同於故意傷人的人——無論是出於仇恨或追求自利。

但是善意並不足夠，尤其事關重大的時候。姆貝基的過失，不是因為最初相信了極少數科學家的觀點，而是堅持己見，不允許專家以公平公開的辯論來檢驗。當南非的頂尖黑人免疫學家馬戈巴（Malegapuru Makgoba）教授警告，總統的政策會讓南非在科學界成為笑柄，姆貝基辦公室指控他維護種族歧視的西方觀念。

從姆貝基九月被迫下台以來，卡萊馬．莫特蘭德（Kgalema Motlanthe）的南非新政府迅速行動，採取有效的愛滋病防治措施。姆貝基的衛生部長曾經惡名昭彰地暗示，愛滋病可用大蒜、檸檬汁和甜菜根治癒，他立刻被開除。悲劇在於南非執政黨非洲國民議會太過屈從於姆貝基，未能在多年前罷黜他。

這個故事的教訓，適用於制定公共政策時忽視科學的任何案例。這並不表示大多數科學家永遠是對的。科學史清楚顯示，正好相反。科學家也是可能犯錯的凡人。他們就像其他人，可能被從眾心態影響，害怕被邊緣化。尤其涉及人命時，該譴責的過失不是不同意科學家，而是拒絕科學的調查方法。

姆貝基一定很清楚，如果他對愛滋病成因與抗逆轉錄藥物效力的非主流看法是錯誤的，他的政策會導致大量不必要的死亡。因此他有強烈的義務，不帶好惡，讓所有證據公平地呈現、接受檢驗。因為沒這麼做，姆貝基逃不掉讓幾十萬人死亡的責任。

無論我們是個人、企業高幹或政府領袖，有很多領域，若是未評估各種科學證據，我們根本不知道該怎麼做。我們的責任愈大，做出錯誤決策的可能後果就愈加悲慘。其實，當我們設想人類活動造成氣候變遷的可能後果，因為錯誤決策造成的人命，比起南非的傷亡可是嚴重多了。

摘自「評論彙編」，二〇〇八年十二月十五日

# ⋯生活，玩樂，工作⋯

# 如何實踐新年志願

你曾經許下新年志願嗎？或許你立志健身、減肥、存更多錢，或是少喝一點酒。你的志願也可能比較有利他性：幫助有困難的人或減少你的碳足跡。但是你有實踐志願嗎？

我們剛進入二〇一〇年不久，但有研究顯示，許下新年志願的人不到半數能夠撐到一個月。關於人性與我們活得慎重或道德的能力，這透露出什麼呢？

當然，問題一部分在於我們立志，只限於我們平常不太可能會做的事。只有厭食症患者會立志每週至少吃一次冰淇淋，只有工作狂會立志多花點時間看電視。所以我們利用新年的場合設法改變可能最難改變的行為。失敗的可能性很大。

然而，我們立志應該是因為我們判斷做立志之事較好。但如果我們已經做了決定，為何不直接去做就好了？自蘇格拉底以來，這個問題一直困惑著哲學家。在柏拉圖的對話錄之一《普羅泰戈拉》（*Protagoras*）中，蘇格拉底說沒人會選擇明知不好的事。所以選擇壞事算是一種謬誤：唯有人們認為是好事，才會去做。蘇格拉底和柏拉圖似乎認為，如果我們能教民眾怎樣最好，他們就會照做。但是這個教條很難接受，比明知對自己不好還是多吃一塊蛋糕困難多了。

亞里斯多德則採取不同的觀點，比較符合我們明知是最好的事、卻做不到的日常經驗。他認為，我們的理性可能告訴我們怎麼做最好，但在特定的時刻，我們的理性可能被情緒或欲望壓倒。所以，問題不在於缺乏知識，而是理性無法駕馭我們人性中其他非理性的層面。

這個觀點有最近的科學成果支持，我們有許多行為是建立在很快速、本能與情緒性的反應。雖然我們能夠根據理性的思考過程，判斷該怎麼做，這些決定往往沒有我們的本能情感那麼能夠驅使我們行動。

這跟實踐志願有什麼關係？麻省理工學院哲學教授，也是《願意，想要，等待》（*Willing, Wanting, Waiting*）的作者理查．霍頓（Richard Holton）指出，志願就是嘗試克服維持意圖的問題，因為我們預期在未來某個時間，我們會面臨違背意圖的傾向。目前，我們想要減肥，我們理性上相信這比我們多吃一塊蛋糕得到的快感更重要。但我們預料得到，明天面對蛋糕，我們對濃厚巧克力口感的欲望會扭曲理性，讓我們說服自己，只增加一點體重其實沒有那麼重要。

為了預防這種事發生，我們設法維持目前減肥的意圖。立下莊嚴的志願，再告訴我們的家人與好友，我們扭轉天平，抗拒屈服於誘惑。如果我們無法維持決心，就必須承認我們沒有自己希望的那麼能夠控制自己的行為，因而在自己和我們在乎的其他人眼中丟臉。

這很符合心理學家對於我們該如何改善志願實踐機率的相關發現。赫特佛郡大學的心理學教授李察．韋斯曼（Richard Wiseman）追蹤了五千個許下新年志願的人。僅十分之一左右成功堅持到底。在他最近出的新書《怪咖心理學：59秒啟動正能量》（*59 Seconds*）中，韋斯曼列舉了讓你比較能夠成功的方法：

把你的志願拆解成一連串的小步驟；

把志願告訴你的家人與朋友，既得到支持又增加失敗的個人成本；

定時提醒自己達成目標的好處；

每當達成通往目標的一小步，就給自己一個小獎賞；

追蹤通往目標的進度，例如寫日記或在冰箱門上貼個進度表。

個別看，這些因素每個似乎都很瑣碎。合起來看，都是發揮我們自制力的方法，不只是現在，未來也是。如果我們成功了，在我們判斷裡較好的行為會成為習慣，因此不再需要有意識的行動來保持。

這些維持新年志願的工具可以幫我們進步，不只是減肥或避免欠債，也能活得比較道德。我們甚至可能發現這是對自己及他人最好的志願。

摘自「評論彙編」，二〇一〇年一月四日

# 為何要花更多錢？

上個月，波蘭外交部長賽考斯基（Radoslaw Sikorski）到烏克蘭談判時，據說烏克蘭外交部長嘲笑他，因為他戴著只值一百六十五美元的日本電子錶。有家烏克蘭報紙報導了烏克蘭部長們的手錶喜好。有幾位擁有超過三萬美元的名錶。連某位共產黨國會議員，都戴著零售價超過六千美元的錶。

嘲笑的方向應該反過來才對。你不會嘲笑（或許私底下，好避免失禮）花超過你兩百倍的錢，結果買到較差產品的人嗎？烏克蘭人就是這樣子。他們大可買個精準、輕量，不用維護就能用上五年的電子錶，幾乎完美報時，永遠不用晃動或上發條。他們卻多花錢買只笨重拙劣、每個月可能誤差幾分鐘的錶，要是一、兩天忘了上發條還會停掉（如果有自動機芯，不晃動就會停止）。此外，電子錶還整合了鬧鐘、碼錶和定時功能，而其他錶不是缺乏這些功能，就是為了跟上對手而加上，但多半破壞設計、難以辨讀。

怎麼會有聰明的買家接受這麼爛的交易？或許是出於懷舊？百達翡麗的總裁席利．史登（Thierry Stern）在某個全頁廣告上說，他會聆聽公司製造的每支三問錶的鈴聲，就像他祖父和父親一樣。那樣也不錯，但是從史登先生祖父的時代以來，我們的計時水準已經大有進步。為何要拒絕人類才智提供我們的改進方案呢？我有一支祖母傳下來的舊墨水筆，是紀念她的好東西，但是我做夢也不會用它來寫這個專欄。

索斯坦・范伯倫（Thorstein Veblen，經濟學家）知道答案。在一八九九年出版的經典《有閒階級論》（*Theory of the Leisure Class*）中，他主張一旦社會地位的基礎變成財富本身，而非，呃，智慧、知識、道德品行或戰技，富人就必須找出除了炫富別無其他目標的花錢方式。他稱之為「引人注目的消費」。范伯倫以社會科學家的身分寫作，避免做道德判斷，不過他讓讀者毫不懷疑他在許多人還很貧窮的時代對這種花費的態度。

在一個大量人口比例仍活在實質貧窮的國家，戴著貴得離譜的手錶來宣示一個人達到了高層的社會地位，對擔任公職、納稅人供養的人來說，似乎特別糟糕。這些官員戴著相當於烏克蘭人四到五年份平均薪資的錶，不是暗示了「你們貧窮愚昧的納稅人付我太多薪資了」，就是「雖然我的官員薪水負擔不起這種錶，我有其他門路弄到這麼昂貴的東西」。

中國政府知道「其他門路」可能是什麼。如同《國際前鋒論壇報》（*International Herald Tribune*）報導，北京反貪腐運動的層面之一是禁送昂貴禮物。結果，據克卜勒資本市場公司（Kepler Capital Markets）分析師強・考克斯（Jon Cox）說：「如今在手腕上戴厚重大錶，已經萬萬不可了。」中國名錶市場急遽萎縮。烏克蘭人，參考一下。

即使戴錶的人沒有統治一個相對貧窮的國家，戴著比更能報時的錶貴兩百倍的名錶，仍透露出別的訊息。范伯倫時代最有錢的人安德魯・卡內基對自己的道德判斷很坦白。他有句話常被引用：「死掉時還很有錢的人，是丟臉的死法。」我們可以採用這個標準來評判戴三萬美元的手錶，或買一萬兩千美元包包等奢侈品的男女。基本上這種人等於是在說：「我不是特別無知，就是很自私。如果我不是無知，我就會瞭解，有些小孩因為沒有安全飲水患了痢疾，或是缺乏蚊帳得到瘧疾、瀕臨死亡。而我花在這支錶或這個包包的錢，顯然足以幫助其中幾個人活下來；但我不太在乎他們，寧可把我的錢花在穿戴來炫耀的東西。」

當然，我們都有自己的小放縱。我不是主張所有奢侈品都是錯的。但是取笑戴合理廉價手錶的人，會施壓讓其他人加入愈來愈奢華的競賽中。這股壓力應該逆轉，我們應該表揚那些品味謙遜、有著比炫耀性消費更優先事項的人。

摘自「評論彙編」，二〇一三年五月九日

後記：烏克蘭部長們手腕上的名錶象徵的貪腐，在二〇一四年二月導致亞努科維奇（Victor Yanukovych）總統與黨羽被罷黜的抗議活動中是個關鍵議題。結果賽考斯基贏了。

# 虎媽還是象媽？

許多年前，內人和我帶著後座的三個小女兒開車到某處，其中一人忽然問：「你會希望我們聰明，還是快樂？」

上個月，我閱讀蔡美兒的《華爾街日報》文章〈為何中國媽媽比較優越〉時，想起了那一刻，該文在 wsj.com 引發了四千多筆評論，在臉書則有十萬多筆。這篇文章意在宣傳蔡女士的新書《虎媽戰歌》（*Battle Hymn of the Tiger Mother*），一出版馬上成為暢銷書。

蔡女士的主題是，比起美國人，中國小孩容易成功是因為他們有「虎媽」，而西方母親都是小貓咪或者更糟。蔡的女兒蘇菲亞和露意絲從來不准看電視、打電玩、在朋友家過夜或參加學校戲劇演出。她們每天必須練鋼琴或小提琴好幾小時。父母對她們的期待是，除了體育和戲劇以外，每個科目都是第一名。

根據蔡女士的說法，中國母親認為，小孩子一旦過了幼兒階段，如果沒達到父母期待的高標準，就必須以明確的話語告知（蔡女士說她認識韓國、印度、牙買加、愛爾蘭與迦納的母親採取「中國式」教法，也有些華裔媽媽沒這麼做）。他們的自尊應該夠堅強，可以承受。

但是在耶魯法學院當教授的蔡女士（她丈夫也是）生活的文化中，小孩子的自尊被認為是很脆弱的，甚至運動隊伍會頒「最有價值選手」獎給每個隊員。所以，許多美國人對她管教方式的反應是驚恐不已，並不令人意外。

評估虎媽教法的難題之一是，我們無法區隔是教法本身，還是父母傳給子女的基因影響。如果你希望子女成為班上第一名，要是你跟伴侶都有在菁英大學當教授的頭腦，自然會有幫助。無論虎媽逼得多緊，不是每個學生都能拿第一（當然，除非我們把每個人封為「全班第一」）。

虎媽教法的目標是讓小孩完全發揮自身的能力，所以在「聰明或快樂」的選擇中，似乎傾向「聰明」那邊。這也是貝蒂．劉（Betty Ming Liu）的觀點，她在部落格回應蔡的文章說：「像蔡美兒這樣的父母，正是我這種亞裔美國人需要心理治療的原因。」

加州大學戴維斯分校的心理學教授史丹利．蘇（Stanley Sue）研究過自殺，這在亞裔美國女性特別常見（在其他種族團體中，男人比女人容易自殺）。他認為家庭壓力是主因。

蔡女士會回答，達到高階成就帶來很大的滿足，唯一的辦法就是努力。或許吧，但小孩不能被鼓勵去做某些事，是因為本質上值得，而不是怕父母不認同嗎？

我同意蔡女士的部分是：不願告訴小孩該怎麼辦，可能太過分了。我有個女兒現在也有自己的小孩了，她曾經告訴我關於她朋友教養方式的神奇故事。有個人讓她女兒被三家不同的幼稚園退學，只因為她不想去上。另一對夫婦相信「自我指導的學習」，結果某天晚上他們十一點就寢後，留下五歲女兒連看了九個小時的芭比娃娃影片。

虎媽的教法對這種自由放任的風格或許是有用的制衡，但兩個極端都有所疏漏。蔡女士嚴格聚焦在家中的單獨活動，沒有旁人鼓勵或團體活動，無論在學校或廣義的社群裡也不關心他人。所以，她似乎把學校的舞台劇看成是浪費時間，可改用來讀書或練習音樂。

但是參與學校戲劇就是投入對社群有益的活動。如果有天賦的小孩迴避，戲劇的製作品質會變差，也會傷害其他參加的人（還有來看的觀眾）。所有被父母禁止參加這類活動的小孩，就錯失了發展社交技巧的機會。這些技巧跟那些壟斷蔡女士注意力的活動，同樣重要又有益處，也同樣難以精通。

我們的目標應該是讓孩子成為好人，過道德的生活，關心自己也關心他人。這種教養小孩的方法跟幸福並非毫無關係：有很多證據顯示，慷慨仁慈的人對自己生活的滿意度，比性格相反的人來得高。但那本身也是個重要的目標。

老虎過獨居的生活，除非是養育幼崽的母虎。相對地，我們是群居動物。大象也是，象媽不會只專注在自己後代的福祉。牠們會一起保護並照顧群體中的所有小象，類似經營托兒中心。

如果我們都只想到自己的利益，就是走向集體災難：看看我們把地球的氣候搞成什麼樣子。說到養兒育女，我們需要少點老虎，多些大象。

摘自「評論彙編」，二〇一一年二月十一日

# 福斯汽車與誠實的未來

如果你在一九七〇年代使用「商業倫理」一詞，當時這個領域剛開始發展，常見的反應是：「那不是矛盾修辭嗎？」這個譏諷經常連接著引述米爾頓．傅利曼（Milton Friedman）的名言，企業主管唯一的社會責任就是在合法範圍內盡量為股東賺最多的錢。但是接下來的四十年，商人不再引述傅利曼，而是開始談到他們對公司的利害關係人的責任，這個群體不只包括股東，還有顧客、員工和他們所在的社區民眾。

二〇〇九年，全球金融危機過後，有句誓詞在哈佛商學院那應屆畢業生之間流傳著。宣誓的人（可想而知是少數）表明要「以合乎倫理的方式」從事他們的工作，經營企業時，「誠實地防止那些推進自己狹隘野心、但會傷害公司與它服務的社會的決策和行為」。

從那以後，觀念傳開了，有兩百五十所商學院的學生做了類似的宣誓。今年，所有的荷蘭銀行員，共九萬人，宣誓他們會以正直行事，把顧客利益放在其他人（包括股東）前面，表現公開、透明並符合社會責任。澳洲有個銀行金融業的自願誓詞，規定宣誓者（迄今有三百多人），要大聲反對不當的行為，並且鼓勵別人也這麼做。

八月時，有個主管薇若妮卡．羅瑞（Véronique Laury）表示，她的事業野心是「對廣義的全世界有正面影響」。你可能以為她領導的是慈善機構，而不是在歐亞兩洲約有一千兩百家店面的家居建材零售商翠豐集團（Kingfisher）。九月時，美國最大的雞蛋買主麥當勞，表現出它也能對倫理進步有所貢獻，宣布美加地區業務會逐漸停用籠養雞的雞蛋。美國人道學會負責禽畜保護部門的副主席保羅．夏皮洛（Paul Shapiro）認為，此舉象徵迄今仍是美國雞蛋產業主流的殘酷鐵絲雞籠將開始終結。

接著，爆發了福斯汽車事件：他們在一千一百萬輛柴油車上安裝軟體，只為進行排放檢測時減少一氧化氮的排放，讓車子過關，但是正常使用時，排放量大幅超過許可程度。在後續醜聞中，《紐約時報》邀請專家評論「作弊的普及」是否已經讓道德行為過時了。報紙在「笨蛋才誠實嗎？」的標題下刊登了他們的回應。

憤世嫉俗者會說這四十年來沒什麼改變，未來也不會有，因為在商場，高談倫理的用意只在掩護終極目標：獲利最大化。但福斯汽車作弊很奇怪，因為即使（或特地）用獲利最大化的標準，這也是非常魯莽的賭注。公司內部知道這軟體在幹什麼的人，應該都能料到公司很可能會輸。

其實，只需要有人嘗試驗證，進行聯邦排放檢測時取得的排放結果，類似正常駕駛的排放量。二〇一四年，國際綠能運輸委員會就委託西維吉尼亞大學的替代燃料、能源暨排放中心做這件事。軟體詭計很快就被拆穿。

醜聞爆發以來，福斯汽車的股價下跌超過三分之一。公司將被迫召回一千一百萬輛車，光在美國要付的罰款可能高達一百八十億美元。或許最昂貴的是商譽受損。

市場以自己的答案回覆了「笨蛋才誠實嗎？」。它的回應是：「不，誠實適合想要長期把價值最大化的人。」當然，有些公司作弊不會被逮。但是被逮的風險永遠存在，而且通常（尤其是以品牌名譽為主要資產的公司）不值得冒這種風險。

長期來說，誠實會讓價值極大化，即使我們說的「價值」只限於給股東的金錢回報。如果價值包括所有相關人員從工作得到的滿足感，這話顯然更加正確。有幾項研究顯示，在千禧年後成年的世代對影響世界比較有興趣，而非為自己賺錢。這是孕育「有效利他主義」的世代，只要有效率就鼓勵捐錢。

所以我們有理由期待，隨著千禧世代的人數開始超越仍在經營福斯和其他大企業的人數，倫理作為把真正重要的價值最大化的重要成分，根基會更穩固。至少在大企業之間，福斯這種醜聞會變得愈來愈少。

摘自「評論彙編」，二〇一五年十月七日

# 禁藥是錯的嗎？

現在，隨著每年環法自行車賽的來臨，開始出現一個固定討論運動禁藥問題的季節。今年，因為藥檢沒過或沒做，整體領先者、另外兩位車手和兩個隊伍被除名或自行退賽。最後的贏家艾伯托·康塔多（Alberto Contador）本身，據說去年藥檢結果是陽性。太多領先車手藥檢測出陽性，或者在退役安穩後承認自己用過禁藥，讓人合理懷疑不用藥是否可能在這種比賽中勝出。

在美國，這種辯論的推手是棒球選手貝瑞·邦茲（Barry Bonds）邁向史上最多全壘打紀錄的歷程。一般人都認為邦茲使用了禁藥和合成荷爾蒙。他常被球迷報以噓聲跟嘲笑，很多人認為職棒大聯盟主席巴德·賽里格（Bud Selig）不該出席邦茲可能追平或打破紀錄的比賽。

在菁英比賽中，冠軍和第二名的差別微乎其微，但又很重要，運動員都有壓力，要千方百計爭取一丁點勝過對手的優勢。可以合理懷疑現在的金牌不是頒給沒用藥的人，而是頒給用藥技巧最能提升表現又不會被逮的人。

當環法賽之類的事件成了鬧劇，生物倫理學教授朱利安·薩夫雷斯古（Julian Savulescu）提出一個激進的對策。薩夫雷斯古是牛津大學上廣實用倫理學中心的主任，擁有醫學和生物倫理雙學位，他說我們應該廢除提升表現藥物的禁令，只要安全，允許運動員愛怎麼用就怎麼用。

薩夫雷斯古提議，與其努力偵測運動員是否用藥，我們應該專注在運動員是否有健康風險的可測量指標。所以，如果運動員因為服用紅血球生成素（EPO），使紅血球數量過高，達到危險的程度，就不該獲准參賽。重點在紅血球指數，而非提升紅血球的手段。

對那些主張這會給用藥者不公平優勢的人，薩夫雷斯古的回應是，現在不用藥，擁有最佳基因的運動員也有不公平的優勢。當然，他們還是得訓練，但無論我們怎麼拚命訓練，如果別人的基因能生成較多的紅血球生成素，就會在環法賽打敗我們，除非我們也用紅血球生成素來彌補基因缺陷。設定紅血球上限，其實是減少基因差距的影響，讓比賽更公平。這時努力就變得比擁有正確的基因來得更重要。

有人主張用藥「違反運動精神」。但是很難維護運動員為了提升表現可以和不可以做什麼的現有界線。

在環法賽中，車手甚至可以利用夜間靜脈注射營養劑和補水來休養身體。在高海拔地點訓練是允許的，雖然這麼做的運動員會比必須在平地訓練的對手有優勢。世界反禁藥規約不再禁止咖啡因。薩夫雷斯古說，無論如何，提升表現正是運動精神。我們應該允許運動員用任何安全的方法做到。

此外，我會主張運動沒有單一的「精神」。人們運動是為了社交、強身、保持身材、賺錢、出名、防無聊、找愛情，或單純為了樂趣。他們可能努力改善表現，但他們這麼做通常別無目的，只為了成就感。

大眾參與運動應該鼓勵。肢體運動不只讓人更健康，也更快樂。用藥通常會弄巧成拙。我的運動是游泳，我在特定距離內計時給自己設定目標，鼓勵自己更努力。當我游得快會很滿意，但如果進步來自藥瓶，就不會有成就感了。

不過，有千百萬人收看、卻很少人參與的菁英運動，另當別論。現在為了名聲與榮譽，運動員會被誘惑，冒險傷害長期的健康。所以，薩夫雷斯古的大膽提議雖然可能減少非法用藥，但不會終止用藥。

問題不在運動員身上，而是我們。我們為他們歡呼。他們勝利時，我們歌頌他們。無論用藥多麼猖獗，我們還是會收看環法賽。或許，我們應該關掉電視，跨上自己的單車。

摘自「評論彙編」，二〇〇七年八月十四日

# 足球賽作弊可以嗎？

六月二十七日，在英格蘭對德國的世界盃淘汰賽中場休息前不久，英格蘭中場法蘭克・蘭帕德（Frank Lampard）企圖射門，但是球被球門橫槓彈回地上，顯然越過了球門線。德國守門員曼紐・諾爾（Manuel Neuer）抓起球丟回去，繼續比賽。主審和線審都還在場上奔跑，所以看不清、無法判斷，沒有示意進球，於是比賽繼續。

賽後，諾爾這麼說明他的行為：「我盡量不理會裁判，專注在眼前發生的事。我發現球過線了，我想我這麼快繼續行動，唬過裁判，讓他以為沒有進球。」

講白了：諾爾作弊，而且事後吹噓。

以任何正常倫理標準來看，諾爾都是錯的。但是諾爾踢足球，就表示唯一倫理規則是「不計代價求勝」嗎？

在足球界，那似乎是盛行的倫理。最有名的事件是馬拉度納（Diego Maradona）在一九八六年世界盃阿根廷對英格蘭比賽中的進球，事後他形容能夠進球是「一點馬拉度納的頭加上一點上帝之手」。重播顯示，毫無疑問是馬拉度納用手將球撥進球門。二十年後，他在ＢＢＣ訪談中承認他故意假裝進球，以便欺騙裁判。

類似的事件也發生在去年十一月，法國和愛爾蘭兩國爭奪世界盃參賽權的比賽中。法國射手亨利（Thierry Henry）用手控球傳給隊友，隊友踢進了制勝球。賽後被問到此事時，亨利說：「我老實說吧，那是手球。但我不是裁判。我做了，裁判允許了。這個問題你該去問他。」

真的嗎？你作弊沒被逮到，為何就不能譴責你？球員在場上做的事情不該豁免於倫理批評之外，就像他們在場外的行為，例如使用提升表現的禁藥，也不能豁免。

現代的運動競爭很激烈，涉及龐大的金錢，但不表示不可能誠實。在板球界，如果擊球員打到球被捕手接到，擊球員出局。有時候球被接到後，裁判無法確定球有沒有擦到球棒。擊球員通常心裡有數，如果他知道自己出局了，傳統上應該「走人」——離開球場。有人仍會這麼做。雖然裁判已經判定他沒出局，澳洲擊球員亞當·吉克里斯特（Adam Gilchrist）仍在二〇〇三年世界盃對斯里蘭卡的準決賽「走人」。他的決定讓某些隊友驚訝，但贏得許多球迷的掌聲。

有項網路研究讓我得知，另一個足球員做出類似擊球員走人的明確案例。一九九六年，利物浦隊射手羅比·佛勒（Robbie Fowler）因為被兵工廠隊的守門員犯規，獲得一次罰球機會。他告訴裁判對方沒有犯規，但是裁判堅持要他罰球。佛勒照做，但是故意讓守門員接得住。

為何職業足球員這種行為的案例這麼少？或許過度壁壘分明的文化踐踏了倫理價值。球迷似乎不介意自家隊員是否成功作弊；他們只反對另一邊作弊。這種態度不合倫理（不過，值得誇獎的是，在亨利手球事件後，包括法國總統薩柯吉，許多法國球迷向愛爾蘭表達了同情）。

對，我們可以用現代科技或重播影片檢討爭議判決，將問題解決到某個程度。但這樣雖然會減少作弊機會，並不會消滅，而且這也不是重點。我們不該為運動員故意作弊找藉口。就某個重要的層面而言，這比在私生活中作弊惡劣多了。當你做的事會被幾百萬人看到、重播無數次、在電視節目仔細分析時，做正確的事格外重要。

如果諾爾中斷比賽，告訴裁判已經進球了，足球迷會怎麼反應？因為在足球界這種行為很罕見，初步反應無疑是驚訝。某些德國球迷或許會失望。但是全世界，包括每個心態公正的德國球迷，將無法否認他做得對。

諾爾錯失在幾百萬人面前做出高尚舉動的稀有機會。他原本可以向全世界的觀眾樹立一個倫理榜樣，包括容易受影響的幾百萬年輕人。誰知道這個榜樣對許多觀眾的人生會有什麼影響呢？諾爾本來可以當英雄，為正確的事挺身而出，卻淪為只是另一個作弊很高明的足球員。

摘自「評論彙編」，二〇一〇年六月二十八日

# 衝浪的反省

跟大多數澳洲人一樣，夏季假期對我來說一向意味著去海灘。我是在波濤中游泳玩耍長大的，後來開始使用趴板，但是不巧錯失學習站上衝浪板的機會。

我活到五十幾歲時，終於彌補了這項缺憾。雖然我已經老得沒辦法精通，但還夠年輕，可以繼續衝浪，享受十年的樂趣與成就感。今年的南半球夏天，我回到澳洲再度下海。

在我今天衝浪的海灘，聽說當地稍早舉行了一個典禮，向某位年老去世的在地衝浪客告別。他的衝浪同伴們游到外海排成一圈，坐在板子上，把他的骨灰撒到海面上。其他家人、朋友則站在海灘和懸崖上觀禮。我聽說他是附近最佳的衝浪手之一，但在當年賺不到什麼錢。

我不禁猜想，是他運氣不好，太早出生，無法加入現在油水豐厚的職業衝浪圈嗎？或者他算是走好運，才能體驗不注重出名而是享受海浪的衝浪景況？

這不是反對金錢腐化能力的泛泛抱怨。有錢能夠打通一些機會，如果善用，結果可能非常正面。衝浪手成立過衝浪手基金會（Surfrider

Foundation）之類的環保組織，特別關注海洋；還有SurfAid，努力在開發中國家向當地貧民宣揚衝浪觀光產業的好處。不過，早年衝浪的精神（想想一九七一年電影《地球之晨》〔*Morning of the Earth*〕描繪海浪與人類動作的和諧），仍與現代職業圈的熱鬧喧囂形成強烈對比。

有些運動先天上就競爭激烈。網球迷可能欣賞一招漂亮的反手拍；但光是看球員在場上暖身，若無後續的比賽，很快就會無聊。同理也適用於足球：如果無關輸贏，誰會去看一群人在場上把球踢來踢去？如果沒有強力的對手施壓，這些運動的選手根本無從展現自身完整的技巧。

衝浪就不同了。它提供衝浪者機會，接受需要身心兩方面多種技巧的挑戰；但挑戰是內在的活動，不是打敗對手。在這方面，衝浪比較接近健行、登山或滑雪，而非網球或足球：置身美麗自然環境的美學體驗，是這項活動魅力的重要部分；成就感方面能令人滿足；而且有激烈的肢體運動，但不需要在跑步機上反覆奔跑或一圈圈來回游泳。

要讓衝浪成為競爭項目，需要設計出測量表現優劣的方法。現行方案是評斷衝浪時展現的特定技巧。衝浪手互相競爭，看誰能在海浪上做出最難的動作，這沒什麼不對，就像看誰能從十米平台上做出最困難的跳水動作，也沒什麼不對。

但是當我們把衝浪變成競爭，千百萬人可以開心參與的休閒活動，對多數人來說，就變成只能在螢幕上欣賞的觀賞運動。如果競爭性衝浪志在得分的狹隘焦點，讓我們難以欣賞乘浪時可體驗到的美麗與和諧，而不必操心要在時間內盡量多翻幾圈，那會非常可惜。

我衝浪時，重點多半放在體驗海浪的壯觀跟威力，而非我的衝浪能力。其實，我個人最神奇的衝浪時刻，根本不在海浪上。在澳洲最東端的拜倫灣，我划水出去直到海浪碎開的地方。那兒陽光普照，海水蔚藍，我發現前方的太平洋延伸幾千哩，不受島嶼阻隔，遠至智利海岸。

在廣大海水中產生的一股能量，接近一排水下的礁石，在我面前升起變成一道綠牆。當海浪開始散去，有隻海豚在泡沫的前端跳起來，全身騰空。

那是個莊嚴的時刻，更是非凡的瞬間。如同我的許多衝浪同伴所知，我們是唯一會打網球或踢足球的動物，但不是唯一喜歡衝浪的動物。

摘自「評論彙編」，二〇一五年一月十五日

# 補記：不，別移民加拿大或澳洲

經過艱苦又經常互罵的選戰後，唐納．川普闖於領導力的貼文選擇，顯示我們即將面臨政黨惡鬥的四年。儘管多出兩百八十多萬選民支持希拉蕊．柯林頓，川普仍任命了可能讓選舉撕裂的傷口惡化而非癒合的極端派。

二〇〇〇年小布希當選總統時，因為最高法院的判決阻止佛羅里達州全面驗票，也有人質疑當選的合法性。當時的自由派也跟現在一樣，說要移民去加拿大。我們熬過了小布希的時代，看到歐巴馬當選總統，不過我們仍在承受小布希沒必要又不順利的入侵伊拉克的後果。

小布希和川普有個差別是，小布希常談到倫理，多到我寫了本書談他的倫理觀，以及他為何被嚴重誤導。再寫一本關於川普的類似書籍會很困難，川普集中訴求美國人的自利心，尤其那些懷念美國「偉大」時代的人。無論是需要庇護、工作或生命被氣候變遷危害的人，外人的利益似乎不重要。道德上同樣令人擔憂的是，川普根本不在意講話要有憑有據，無論是歐巴馬的出生地、氣候變遷的言論，還是希拉蕊普選票領先是因為幾百萬人非法投票。朋友們說我很幸運，因為身為澳洲公民，我隨時可以回去。但如果川普不履行美國減少溫室氣體排放的承諾，澳洲吃的苦頭不會比美國少。被選舉結果嚇壞的人，必須繼續關心美國政局。但針對一個似乎對倫理或證據沒什麼興趣的政府，我們該有怎樣的關心呢？

在我看來，我們應該展現對話的意願，準備好把無疑跟我們觀點不同、但仍在乎倫理與真相的川普政府成員當作正常人看待。我這麼說，是來自已故好友兼動物保護運動同伴亨利．史匹拉（Henry Spira）的教訓。一九七〇到八〇年代的動物實驗人員與動物保護運動之間對立之激烈，很難想像。但是當其他反對動物實驗人士試圖減少動物苦難徒勞無功時，史匹拉反對大企業虐待動物的運動卻成功了。反動物實驗者習慣把實驗者描繪成折磨動物的虐待狂，而史匹拉瞭解，要讓大企業改變他們的作法，說「我們是聖人，你們是罪人，為了教育你們，我們要狠狠修理你們」是沒用的。史匹拉反而一開始總是假設，我們想要影響的人跟大多數人一樣，如果能告訴他們一個達成目標更好的方式，就會做正確的事。於是他說服像露華濃、雅芳、必治妥－邁爾等大企業與其他化妝品公司，出資研發替代方式；最後他們不必再用動物做實驗了。

我跟史匹拉一樣，相信起手式永遠應該是願意對話。有時候，合作的態度會被唾棄，也有些時候，對話展開了，但是顯然毫無進展。那我們就必須改變方法。即使這時候，原先的對話意願也會比假設沒什麼好談的，帶給你更穩固的倫理基礎。

如果對話破裂，只剩抗拒而已，那也必須依照倫理的標準。只要可能，我們應該努力在合法範圍行事，別忘了終極目標是說服大多數人我們是對的。在不公平或選區劃分不公正的選舉中，我們必須說服的不只是大多數。作為最後手段，我們應該參考甘地和馬丁．路德．金恩二世的例子。公民不服從可以是合乎倫理的政治策略，但若要符合民主的方式，就應該維持非暴力。參與公民不服從的人應該願意被逮捕，接受法律對他們行為的懲罰，以表示對法律的尊重以及對自己目標正確性的承諾。

有些人在最近的選舉之後表示，民主黨想要光明正大，卻輸給共和黨的骯髒手段，所以民主黨現在應該學共和黨的玩法。短期來說，這個誘人的策略可能帶來一些收穫。不過長期而言，我們必須持續努力維護理性、根據證據討論的價值。很遺憾，看來不是每個人都服膺這種價值。然而，我們必須訴求志同道合的人，同時盡最大努力確保他們仍占選民的大多數，否則，民主沒有未來可言。

摘自《波士頓環球報》，二〇一七年一月三日真實世界的倫理課：82個影響你一生的思考練習／彼得・辛格（Peter Singer）著；李建興譯. -- 初版. -- 臺北市：大塊文化, 2019.04
352面；14×20公分. --（walk；19）
譯自：Ethics in the real world : 82 brief essays on things that matter
ISBN 978-986-213-971-4（平裝）

1. 倫理學

190 108003536

LOCUS

LOCUS

LOCUS

L O C U S